D1666839

°luftschacht

Bart Moeyaert

Graz

Novelle

aus dem Niederländischen von
Doris Mayer

Luftschacht Verlag

www.luftschacht.com

Umschlaggestaltung und Satz: Jürgen Lagger
Foto: *www.citronenrot.at*
Druck und Herstellung: Theiss

ISBN: 978-3-902844-25-5

Zuerst sah ich das Fahrrad und dann das Mädchen. Sie lag auf dem Rücken, die Arme neben dem Kopf, als ob sie sich beim Fallen ergeben hätte, und die Beine lagen wie in einem Zeichentrickfilm, bereit zum Weglaufen. Der Hals hatte einen Knick. Das Gesicht zeigte in Richtung Hürlimann, doch die Augen waren geschlossen. Sie war tot, davon war ich überzeugt.
Ich legte die Hände auf meinen Mund. Zu meinem Entsetzen hatte schon jemand einen Strauß Rosen vor ihr niedergelegt. Dann musste ich mich über mich selbst ärgern, denn daneben lagen auch ein Netz Orangen, eine Packung Milch, ein in Plastik verpackter Kuchen, eine Schachtel Krapfen und ein Plastiksack, der nur nicht davonflog, weil noch etwas Schweres darin lag. Es waren Grand-Prix-Rosen aus dem Hause Pammer gegenüber der Oper, ich erkannte das am Papier.
Der Unfall musste in den Minuten passiert sein, die ich brauchte, um von meinem Arbeitstisch aufzustehen, meine Jacke anzuziehen, die Treppe hinunterzugehen. Ich machte mich auf, um spazieren zu gehen, sie fiel. Ein Leben ändert sich mit einem Fingerschnipp.
Ich drehte mich um und suchte in den Taschen meines kurzen Jäckchens nach dem Haustorschlüssel. Ich sollte wieder hineingehen, die Rettung rufen. Ich dachte, dass ich schnell reagierte, doch ich brauchte das Licht im Gang nicht mehr einzuschalten, jemand auf der Straße hatte die richtige Nummer schon gewählt. Ich hörte das Anschwellen der Sirene aus der Ferne. Gegenüber kamen Leute aus den Häusern, im Parkhotel an der Ecke lehnten sich Gäste über die

Fensterbänke und hinter den Kellerfenstern bei Nummer vierzehn sah ich die halben Köpfe der Hürlimann Kinder, sie standen auf Zehenspitzen am Rand ihres Bettes, um etwas sehen zu können. Ihre Silhouette stach schwarz hervor.
Ich hielt mich am Türrahmen fest und blinzelte mit den Augen, da mein Gehirn nicht alles zugleich verarbeiten konnte. Ich sah das gefallene Mädchen, wie all die Leute sie jetzt sahen. Von weit weg, von oben, von der Seite, aus der Nähe, und was ich mir letztendlich vorzustellen versuchte, war, wie die Waisenkinder das Mädchen vom Kellerfenster aus sahen, so wie sie vor ihnen lag, auf Augenhöhe, das Gesicht in ihre Richtung gedreht.
Die Rettung blieb schräg auf den Straßenbahnschienen stehen. Ein Kleinbus der Polizei parkte knapp davor, zwei Reifen auf dem Gehsteig.
Von der Türschwelle aus hielt ich nach heranfahrenden Autos Ausschau, als ob ich auf einmal für den Verkehr verantwortlich wäre. Ich blickte links und rechts die Straße entlang und schüttelte den Kopf, da ich dachte, nicht richtig zu sehen: Weiter vorne auf der Straße war ein Hund, der sich weder vorwärts noch rückwärts zu bewegen wagte. Das Tier zitterte am ganzen Körper und witterte etwas mit der Schnauze im Wind. Er beobachtete menschengleich, wie ein Polizist die Einkaufstasche wieder füllte, und er interessierte sich auch für den Polizisten, der das Fahrrad aufstellte und zu einem Baum trug. Das Vorderrad war verbogen, der Lenker stand schief.
Als das Mädchen auf eine Tragbahre gehoben und in den Krankenwagen gerollt wurde, machte der Hund ein paar zaghafte Schritte nach vorne, mit der Vorsicht von sehr alten Frauen. Er beschnüffelte den Boden vor sich, ob der Boden sicher war. Er schaute unter seinen Augenbrauen hervor,

dem Rettungswagen nach und bewegte seinen Kopf mit dem Fahrzeug mit, um die Ecke.
Ich stieg in den Kleinbus der Polizei.
Die Menschen auf der Straße verloren das Interesse. Sie gingen weiter, sie unterhielten sich noch ein wenig darüber und zeigten in die Richtung meiner Apotheke. Die Fenster des Parkhotels wurden mit viel Lärm geschlossen. Ich konnte das Zuziehen der Vorhänge hören. Das Stück war vorbei, es hätte besser sein können.
Die Straßenbahnschienen surrten. Die Linie 1 kam heran. Noch bevor sich die Straßenbahn bemerkbar machte, trollte sich der Hund von den Geleisen, doch es sah so aus, als ob es egal gewesen wäre, hätte das Verkehrsmittel sein Hinterteil erwischt. Die Straßenbahn klingelte, einem Schreien gleich, aber der Hund ließ sich nicht stören, er bewegte sich mit einem Satz auf die Verkehrsinsel.
Die Straßenbahn blieb an der Haltestelle stehen. Die Reisenden, die ausstiegen, schienen dem Hund Platz zu machen oder sich nach ihm umzusehen. Es gab auch welche, die ihm zulächelten.
Als die Straßenbahn ihren Weg in Richtung Mariatrost fortsetzte und um die Kurve bog, war der Hund auf einmal spurlos verschwunden. Die Straße lag verlassen da.
Ich sagte zu dem Polizisten, dass ich soeben einen Hund die Straßenbahn habe nehmen sehen.
Der Polizist verzog keine Miene. Er sagte: „Ich glaube Ihnen. Das ist wahrscheinlich derselbe Hund, der manchmal den Verkehr an der Kreuzung zwischen Annenstraße und Eggenberger Gürtel regelt. Wenn der Hund dort steht, passieren immer Unfälle, es ist schrecklich." Der Polizist spannte seine Lippen, als ob er damit zeigen wollte, dass er keinen Humor hatte, sich jedoch bemühte, und beugte sich

über seine Notizen. Er war Linkshänder und machte Flecken. Er überflog kurz, was er aufgeschrieben hatte, und nickte einmal. „Aber gehört haben sie nichts?"
„Nein", sagte ich. „Ich bin nicht jemand, der sich verschiedenen Dingen zugleich zuwenden kann. Wenn ich meine Buchhaltung erledige, höre ich sozusagen nur die Rechenmaschine. Wenn ich meine Jacke anziehe, dann suche ich die Löcher für meine Arme. Wenn ich die Treppe hinuntergehe, passe ich auf die Stufen auf."
„Ich glaube Ihnen", sagte der Polizist noch einmal, und eben schien es, als ob er wieder auf seine eigene Art grinsen würde, doch er spitzte seine Lippen und kniff ein Auge zusammen. „Sie haben nichts gesehen."
„Nein", wiederholte ich.
Meine Gedanken erklommen den Schlossberg. Auf einer kleinen Mauer gleich beim Uhrturm steht eine Hundestatue mit der Schnauze nach Süden. Das Tier hatte vor Jahren eine Frau gerettet. Ich weiß nicht, wann das war, und ob die Frau wichtig ist. Ich weiß auch nicht, wer die Statue auf dieser Gartenmauer platziert hat. Ich wollte dem Polizisten von dem steinernen Hund erzählen, doch ich schwieg, denn es tat nichts zur Sache. Der steinerne Hund hat mit seinem Bellen eine Frau gerettet, das blieb mir von der Geschichte in Erinnerung.
Der Hund, den ich gerade gesehen hatte, hat nicht gebellt.
Nachdem mir der Polizist meine Zeugenaussage vorgelesen hatte, durfte ich gehen. An der Reihe waren die Hertz Mädchen. Sie arbeiteten bei Hürlimann, vielleicht hatten sie etwas gesehen.
Ich ging noch eine Runde, wie ich es mir vorgenommen hatte. Ich hatte die Hände auf dem Rücken, weil sich Gehen dann wie Schlendern anfühlt. Dennoch gelang es mir nicht, das Tempo zu finden, das ich gewöhnlich einhielt,

meine eigene Gangart, die langsamer ist als Spazieren und genau die richtige Geschwindigkeit, um viel sehen zu können, aber wenig in mir aufzunehmen, sodass mein Herz schon schlafen gehen konnte, bevor ich im Bett lag.

Ich erwischte mich selbst dabei, dass ich meinen Oberkörper nach hinten, gegen den Wind lehnte, und dass meine Füße dadurch zu hasten anfingen. Jedesmal musste ich mich wieder einbremsen. Ich suchte das Lied, das ich öfter sang, das Lied, das zum Takt meiner trägen Abendspaziergänge passte, doch ich brummte nur falsch.

In der Glacisstraße blieb ich an der Häuserseite. Ich war auf der Hut vor der Dunkelheit unter den Bäumen auf der anderen Seite. Einmal wurde ich dort von einem Mann angepöbelt, der angab, bei den Kunstfelsen im Burghof zu wohnen und mich um Geld bat. Ich hatte in meinen Taschen nach den kleinen Münzen zwischen den großen gefischt und dann gelogen: „Hier. Nehmen Sie alles, was ich habe." Doch Angst kann man riechen und lügen hatte ich nie gelernt, und das hatte der Mann, der sagte, dass er hinter den Felsen wohnte, natürlich sofort kapiert. Er neigte sich zu mir und sagte mit seinem Gesicht ganz nahe bei meinem, dass er es schade fand, dass das alles war, was ich besaß, dann war ich nicht reich, kam ich öfter hierher, hatte ich keine Familie, wo wohnte ich denn, und er hob die Hand mit den Münzen zwischen unsere Gesichter und ging mit dem Daumen das Geld durch. „Arme suchende Seele", sagte er – oder etwas Ähnliches. Seine Bemerkung ließ mich elendig zusammenschrumpfen, denn natürlich bin ich reicher als diese paar Münzen, ich habe eine Apotheke, die es schon fast ein Jahrhundert gibt, die Apotheke Eichler, besser bekannt als Zum guten Hirten, an der Ecke der Maiffredygasse und der Leonhardstraße.

Ich wurde langsamer und schaute über meine Schulter, obwohl ich überzeugt war, dass ich gegenüber niemanden gehen sehen und sich bewegen sehen würde, denn in dem Teil des Parks, der an den Opernring grenzt, ist es bis spätabends sicher. Jetzt, da ich hingesehen hatte, ging die Fantasie mit mir durch. Ein einfacher Ast war ein Mann, ein Schatten war ein Mann, die Spiegelung der Straßenlaterne in der Motorhaube eines geparkten Autos war ein Mann. Der Wind sorgte für viel Unruhe. „Arme suchende Seele", sagte ich zu mir, und ich drückte meine Hände in meine Taschen und zog meinen Kopf tief in den Kragen hinein. „Gute Seele, brave Seele", sagte ich und vergewisserte mich, dass keine Autos kamen und überquerte die Straße.

Ich überquerte den Streifen, wo im Sommer die Touristenbusse halten. Ganze Ladungen Touristen der faulen Sorte werden auf diesem Platz ausgestreut, sie strömen durch das Tor, das Mausoleum hinein und hinaus, und danach mit einem Führer das Fresko mit den drei Plagen entlang in den Dom hinein, um über den Westflügel wieder herauszukommen, den Weg nach oben zu gehen, schnaufend den Hügel hinauf, wie Ameisen mit einem Ei, dicht hintereinander. Sie folgen den Pfeilen zum schnellen Aufzug, der sie für wenig Geld zur Panoramaaussicht auf den höchsten Punkt des Schlossbergs bringt. Sie können auch für kein Geld zu Fuß hinaufkommen, die zweihundertsechzig Stufen des Kriegssteigs, aber das tun sie nicht. Sobald sie oben sind, drehen sie ihre Tasche vor den Bauch, holen ihren Fotoapparat heraus, das Ding klickt, als ob es so wie früher ein mechanisches Gerät sei, doch sie sind nagelneu und billig und stellen alles, was sie vor das Visier bekommen, von selbst scharf, die neuen slowenischen Freundinnen, die zufällig Vorbeigehenden, das Panorama, die roten Dächer der Stadt

und später auch noch die Tür des Tourbusses, bevor sie einsteigen.
Ich bin kein Mann, der sich leicht über irgendetwas aufregt. Ich gebe schon seit Jahren Rat, ich erkenne an den Medikamenten, welche Jahreszeit gerade ist, ich mache, wenn nötig, meine Buchhaltung, ich gehe vor dem Schlafengehen spazieren.
Im Dunkel des Parks fiel mir das Atmen schwer. Ich blieb stehen, nahm die Hände aus den Taschen und ließ sie neben meinem Körper herabhängen. Ich versuchte, langsamer zu atmen und schloss kurz meine Augen, um mich besser konzentrieren zu können, doch weil ich der Dunkelheit nicht vertraute, nicht hinter meinen Augen und nicht um mich herum, machte ich sie schnell wieder auf und sog mit einem Mal sehr viel Luft in mich ein.
Als ob der Sauerstoff mich an das Leben denken ließ und meine Gedanken mich sofort an dessen Kehrseite erinnerten, lag zu meinen Füßen plötzlich das Mädchen, und weiter vorne lag ihr Fahrrad. Ich dachte, dass das Mädchen der Tod selbst war, doch ich schüttelte den Kopf: Das Mädchen wurde auf eine Tragbahre gelegt und mit der Rettung weggebracht. Sie war nicht tot. Sie würden sie retten. Natürlich würden sie sie retten.
Ein paar Sekunden fühlte ich mich wie der Hund, der witternd auf der Straße gestanden hatte, doch da ich weiter vorne, unter den Bäumen im Burghof, Beine sah, die sich bewegten, ging ich weiter. Es gibt Ängste, die ich nicht gerne beim Namen nenne.
Ich machte einen kleinen Umweg durch die Passage, die das Opernhaus mit dem Theater verbindet, und ging resolut über den Kaiser-Josef-Platz in die Maiffredygasse hinein. Meinem Gefühl nach war der Weg, dem ich folgte, eine gerade Linie.

Ich überquerte die Maiffredygasse auf der Höhe von Nummer vierzehn. Ich stieg auf die Verkehrsinsel und dachte an das Mädchen und die Einkäufe, die um sie herum verstreut lagen. Für wen hatte sie die Krapfen gekauft? Wer wartete auf die Milch? Stand die Vase gerade sehr leer?
Als ich mich umschaute, ob Autos kamen, wurde ich von weißem Licht geblendet. Ich sah ein paar Sekunden lang Flecken vor den Augen und dachte an ein kurzes Flimmern der Straßenlaterne, einen Defekt von einer Sekunde. Ich dachte an einen Fotoapparat oder die Spiegelung einer Glasscheibe, aber um mich herum waren die Fenster dunkel. Die Straßenlaternen surrten. Über der Apotheke brannte das Licht: mein Schimmerlicht, meine Leselampe und in der Fensterbank die Lampe, deren Fuß eine Frau ist, die eine Kugel aus Licht hochhält.
Ich trat einen Schritt zurück, um die Gemütlichkeit meiner Wohnung aus dem Abstand zu betrachten. Wieder erschrak ich. Das Licht pulsierte. Das Weiß des Lichts brannte auf meiner Netzhaut, das ging nur langsam weg.
Als ich meinen Kopf hob und zwischen den Wimpern durchblinzelte, begriff ich, dass eine der Straßenlaternen durch zwei kleine Spiegel neben meinem Fenster widergespiegelt wurde. Die Spiegel verwendete ich schon seit Jahren nicht mehr, und seit die Fenster von einem Fensterputzer gereinigt wurden, zeigten sie jedes Mal, wenn der Mann da gewesen war, in eine andere Richtung. Schon ein paarmal konnte ich von drinnen aus in den Himmel hineinsehen.
„Ja", sagte ich laut.
Ich stieg wieder von der Verkehrsinsel herunter und war froh, dass ich herausgefunden hatte, woher das blendende Licht kam. Ich verstehe die Dinge gerne.

Ich nickte zu dem Platz, wo das Mädchen gelegen hatte, und versuchte mir vorzustellen, was ich alles von der Straße sah, wenn ich in meinem Zimmer dort im ersten Stock hinter meinem Arbeitstisch saß. Ich ging langsamer und blickte auf den Boden hinter mir: auf das Betonstück, das den Teil, wo die Straßenbahn fuhr, abtrennte, den Streifen Asphalt, die Stufe der Betonplatten. Ich wollte weitergehen, aber mein Blick blieb an etwas Dunklem hängen, das im Rinnstein lag. Ich erwartete, eine Schachtel Zigaretten zu finden, ein Stück Karton.
Zu meiner Überraschung war es eine schwarze, ziemlich neue Brieftasche. An der Innenseite klebte ein Sticker von Greenpeace. Ich fand ein kleines Fach vor, mit einer Karte darin, eine Mitgliedskarte eines Jazzclubs in Linz. Darauf befand sich ein Farbfoto. Ich drehte die Brieftasche näher zur Straßenlaterne, um das Porträt besser sehen zu können, und bewegte sie so lange, bis die Karte weniger glänzte.
Ich versteinerte, als ich das Gesicht auf dem Foto erkannte. Auf dem Foto hatte das Mädchen kurzes Haar. Ich las, dass sie aus Graz kam und im März geboren war. Der Jazzclub hieß Count Davis. Die Mitgliedschaft des Mädchens lief noch bis nächstes Jahr. Da stockte mein Atem. Ich hielt die Karte näher an mein Gesicht, um mich zu vergewissern, dass es wahr war, was ich las. Das Mädchen hieß Erhart. Jochen Jonathan Erhart.
Ich bin mir bewusst, dass es Jungen gibt, die wie Mädchen aussehen, und dass es Mädchen gibt, die wie Jungen aussehen. Ich finde das nicht schlimm. Es gibt nichts, was mich schockiert. Ich habe schon einiges erlebt. Bei mir klingelt es, wenn wieder einmal ein Kranker hereinkommt. Ich selbst habe Angst vor Schmerzen, doch in meinem Geschäft sind alle Qualen willkommen, ganz besonders die chronischen.

Auf diesem Gebiet kann ich nur mehr wenig Neues dazulernen. Ich diktiere, ich analysiere. Ich gebe den Dingen ihren Platz zwischen bekömmlich und ungesund, das ist meine Art.
Ich stopfte die Karte zurück in die Brieftasche, als ob ich mir selbst noch weismachen wollte, dass ich nichts bemerkt hätte, aber ein paar Sekunden später schon musste ich noch einmal und ganz genau hinsehen und ich traute meinen Augen nicht. Es gibt Jungen, die Rosen und Krapfen und Orangen kaufen und aussehen wie außergewöhnlich hübsche Mädchen.

They seem just like other people.

WAUGH

Hinter meinem Rücken krächzte das Tor der Hürlimanns. Ich musste nicht hinsehen, es war dieses Tor. Leichte Schritte bewegten sich über den Gehsteig, und wieder musste ich mich nicht umdrehen – ich wusste, von wem sie waren. Es schien, als ob sie auf mich zukamen, aber das wäre ein Wunder gewesen. Die Hertz Mädchen waren mit ihrer Arbeit fertig. Sie schwebten wie Schatten vorbei. Von meinem Fenster im ersten Stock aus verlor ich mich manchmal in dem, was ich sah. Als ich sie wieder so nahe an der Hausmauer stehen sah, dachte ich an ein dunkles Tier. Sie liefen vorsichtig wie Sandkrabben und verbargen ihr Gesicht in ihrem Kragen. Ich glaube, sie hatten Stielaugen. Die Hände hielten sie ein wenig von sich weg, als ob sie sie gerade gewaschen hätten und sie noch trocknen müssten.
Gerade eben noch fingen die beiden Mädchen das Licht in der Höhe des Restaurants des Parkhotels. Alles war dort warm und aus Kupfer. Sie überquerten die Straße. Auf dem Zebrastreifen wurden sie schneller. Ich dachte, dass sie mir irgendetwas zuflüsterten, etwas, das wie Gute Nacht klang. Ich hätte mit ihnen scherzen können. Ich hätte sie fragen können, was sie noch so spät auf der Straße taten. Ich hätte am Ende meiner Frage einen Schnörkel anfügen können und sozusagen überrascht meine Hände in die Seiten stützen können, fett augenzwinkernd, als ob mein Auge sonst herausfallen würde. Ich hätte es so machen können, ich war der Nachbar von oben, sie kannten mich, ich sah sie fast jeden Abend in die Nacht verschwinden. Noch nie hatten wir ein Wort gewechselt und einmal musste das erste Mal sein. Doch ich schwieg wieder.

Ich habe den Ruf, gut mit Menschen zu können. Ehrlich gesagt: Dieser Ruf ist mehr Schein. Ich spreche nicht laut, erhebe fast nie meine Stimme, das wird wahrscheinlich als Qualität erkannt. Guter Rat kommt aus mir in schönen Sätzen. Ich habe die richtigen Worte in der richtigen Reihenfolge wie in einer Schublade griffbereit. Ich nehme sie nur heraus und trage sie vor. Sätze über die Verwendung von Wärmeflaschen, von Orangenblüten, von Thymol. Ich halte kurze Vorträge über Milch. Muttermilch, Kuhmilch, Ziegenmilch, in dieser Reihenfolge. Ich halte Vorträge über die Wirkung von Beeren auf die Verdauung. Ich schließe meine Hinweise auch mit einem ermutigenden Nicken ab und manchmal ertappe ich mich selbst dabei, dass ich meine Hand auf den Unterarm einer Frau lege und ihr noch einmal einen letzten Schubs in die richtige Richtung gebe. Ich gebe den Menschen Kraft mit meinem Lächeln. Zur Frau ohne Haare sage ich, dass alles gut wird. Die Matrone lasse ich im Glauben, dass sie sich ihr Heilmittel selbst ausgedacht hat. In das Ohr eines alten Menschen rufe ich: „Sie sind noch jung!"
Die Menschen verstehen, was ich meine, und nennen mein Gesicht liebenswert und mein Verhalten zuvorkommend, nur weil ich ihnen etwas Neues erzählen habe können, was sie noch nicht wussten, und auch noch dabei gelächelt habe.
Ich hörte dem Geräusch der Schritte der Hertz Mädchen zu, bis sie den Boden fast nicht mehr berührten. Nur in meinen Gedanken rief ich ihnen nach. Meine Gedanken halten nie den Mund.
Die Welt ließ sich um mich herum nieder. Erst die fernen Kontinente, dann die Berge, dann die Stadt. Ich stand zuerst etwas eingeschüchtert da. Die Straße sah mich an, abwartend. Was hatte ich vor?

Ich bemerkte, dass neben mir, über die ganze Breite des Gehsteigs und an meinen Füßen vorbei, ein Streifen Licht fiel. Ich schaute mich zum Tor der Hürlimanns um und erinnerte mich vage, dass ich das Tor nach den Absätzen der Hertz Mädchen nicht hatte zufallen hören. Der Spalt überraschte mich nicht, das Licht überraschte mich nicht. Trotzdem stolperte das Herz in meiner Brust.
Ein Junge schaute links und rechts die Straße entlang. Ich bekam nicht die Chance, ihm zu erzählen, dass die Schritte der Mädchen schon lange im Nichts verschwunden waren. Ich wollte ihm auch sagen, dass er nicht mehr an den Unfall denken sollte. Als unsere Blicke sich kreuzten, schoss sein Oberkörper hoch wie eine Feder. Er sprang nach hinten, drückte das Tor zu, zog es dann wieder einen Spalt auf und spähte weiter. Er rührte sich keinen Millimeter, davon überzeugt, dass ich ihn nicht sah, solange er sich nicht bewegte.
Ich hatte die Idee, einen Schritt zur Seite zu tun.
Der Junge reagierte genau so, wie ich es erwartet hatte. Er machte den Spalt breiter. Seine Nase und sein Auge zwängte er dazwischen.
Zuerst dachte ich, dass es ein dunkler Junge war, ein Kind verschiedener Hautfarben, wie so viele in Bezirken wie Gries wohnen. Es schien, als ob er kurzes Kraushaar hatte. Sein Gesicht fing wenig Licht. Doch dann drehte er seinen Kopf. Zu meinem Erstaunen war er weiß und fast schon durchsichtig, und seine Haare waren millimeterkurz und fast rot. Das Licht, das von innen auf ihn fiel, war gelblich, vielleicht logen die Farben.
Ich setzte einen Schritt in Richtung des Tors und streckte eine Hand nach ihm aus. Er runzelte seine Stirn, als ob ein zu kurzes Gummiband in seine Augenbrauen genäht

worden wäre. Ich war davon überzeugt, dass er nicht aus Angst vor mir zurückwich. Ich dachte, dass er im Sinn hatte, mir das Tor zu öffnen, und einen Sekundenbruchteil lang war ich aufgetaucht, da ich die Chance erkannte, ihn anzusprechen, zu fragen, was er da hinter dem Tor im Schilde führte, und ob er schon lang bei Hürlimann auf bessere Zeiten wartete.
Das bereute ich wieder. Wie kam ich bloß darauf zu denken, dass ein Junge von gerade einmal zehn keine Angst hätte vor einer Hand, die auf ihn zukommt. Ich würde es auch beängstigend finden, wenn jemand mein Kinn in seine Hand nähme und mein Gesicht anheben würde, um in meine Augen zu sehen. Der Junge kannte diese Geste der Hand nicht als Einladung. Er kannte die Hand als Teil der Bürste, die ihn unsacht sauber schrubbte. Er kannte die Hand als Ding, das ihm eine Ohrfeige verpasste, bevor die echte Strafe folgte.
Er stieß das Tor knapp vor meiner Nase zu.
Ich schlug nicht dagegen, aber der Gedanke des Schmerzes fuhr durch meinen Kopf, meinen Hals, mein Rückgrat, und setzte letztendlich meine Beine in Bewegung. Ich überquerte schräg die Straße, steckte den Schlüssel in einer einzigen Bewegung ins Schlüsselloch.
Als ich das Haustor hinter mir zuhatte und mich mit dem Rücken daranlehnte, schloss ich meine Augen und ließ dem leidenden Ton, den ich in meiner Kehle unterdrückt hatte, freien Lauf. Ich denke nicht, dass es ein Ton des Kummers war. Manchmal ist meine Lunge zu klein.
Ich ging mit bleischweren Schuhen die Treppen hinauf. Ich wusste, dass nicht der Aufstieg mich Mühe kostete. Es war die oberste Stufe, die mich abstieß.
Hinter der obersten Stufe lag meine Wohnung.

Ich blieb einen Augenblick in der Tür stehen und blickte zu meinem Arbeitstisch im Licht, zur Frau, die die leuchtende Kugel stemmte, zu dem aufgeschlagenen Buch unter der Schimmerlampe neben dem Sofa, zum Dunkel hinter dem Paravent, wo das große Bett stand.
Manchmal fiel mir auf, dass ich nicht Herr über mein eigenes Leben war. Manchmal dachte ich, dass ich das Leben meines Vaters führte. Manchmal sah ich, dass ich stillstand. Der Platz neben mir im Bett wäre nicht leer gewesen, wenn meine Mutter noch gelebt hätte. Manchmal sah ich das. Dann sah ich sie da liegen.
Sie hob ihren Kopf aus den Kissen und schaute über die Schulter und fragte mit einer Stimme, rau wie Schleifpapier, wo ich mich in Gottes Namen die ganze Zeit herumgetrieben habe.
„So lange warst du noch nie spazieren", sagte sie und ließ den Kopf brabbelnd in die Kissen zurückfallen, schwer von Sorge, wohlmerklich der Sorge von Jahren.
Im Flur zog ich die Schuhe aus. Die Jacke hing ich achtlos auf. Sie glitt von der Garderobe. Ich ließ sie liegen, wo sie hinfiel. Dann folgte ich dem gewohnten Rhythmus.
In die Seite des Buches auf dem Sofa knickte ich ein Ohr. Ich legte das Buch weg, für morgen. Während ich die Lichter ausmachte, knöpfte ich das Hemd auf. Die Lampe über meinem Schreibtisch ging aus, die Frau mit der Kugel in der Fensterbank, die Schimmerlampe, das Licht im Gang. In der Küche sah ich nach, ob alle Knöpfe am Herd zugedreht waren.
Neben meinem Bett ließ ich meine Hose fallen. Ich faltete sie, hängte sie über die Lehne des Stuhls neben dem Bett, strich sie glatt. Meine Hand stieß gegen die Brieftasche, die ich gefunden hatte. Ich legte die Brieftasche auf die Hose.

Ich legte mich auf das Bett, mit dem vagen Vorhaben, dass ich bald meine Socken ausziehen würde, meine Unterhose, ich sollte das Ritual des Tages vollenden. Ich sollte meinen Unterleib waschen, meinen Oberkörper, meine Zähne putzen, meinen Pyjama anziehen.
Mein Bedürfnis zu liegen war groß.
Es gab wenig Ruhe. Ich hörte meine Gedärme, meine Lunge, mein Blut. Wenn ich besonders genau hinhörte, hörte ich meine Gänsehaut wachsen.
Ich zog das Laken und die Decke über mich und konnte es nicht übers Herz bringen, den leeren Platz neben mir unbedeckt zu lassen. Ich legte das Leintuch und die Decke bis über die leeren Kissen und sagte: „Gute Nacht."
Ich schlief nicht. Mit der linken Hand suchte ich die schummrige Dunkelheit ab. Ich fand den Stuhl neben dem Bett, die Brieftasche. Ich holte den Ausweis heraus und hielt ihn vor meine Augen. Bei dem geringen Licht, das die Seite des Paravents abgab, konnte ich meine rechte Hand, die Karte, den Namen des Jazzklubs, das Porträt des Jungen in der Mitte unterscheiden.
Ich schloss die Augen und stellte mir im Kopf das Rad, das Mädchen mit dem geknickten Hals, den zögerlichen Hund und das Kind hinter dem Türspalt vor. Ich sah das Licht und die Dunkelheit. Ich sprach den Wunsch aus, dass der Junge noch lebte.
Ich fühlte meine linke Hand hinter meinen Kopf greifen und dachte noch: Tu's nicht.
Und doch knipste ich die Lampe neben meinem Bett an. Ich überstand den Schmerz in meinem Gehirn. Ich kniff die Augen sofort zusammen, oder halb zusammen, bis sie sich an das Licht gewöhnt hatten, und danach musste ich es wie eine Strafe ertragen, dass ich das Laken und die Decke weit

weg zu den Füßen geschoben hatte, und mit dem Daumen und dem Zeigefinger hielt ich meine linke Brustwarze fest. Ich schloss die Augen und lag so eine Zeitlang in Gedanken an meinen Daumen, meinen Zeigefinger, das weggezogene Laken, die Decke und meinen nach unten geschobenen Slip.

Dann wurde ich von einem Hund gerettet.

Ich weiß nicht, ob es der gleiche Hund war, der auch den Verkehr auf der Kreuzung der Annenstraße und des Eggenberger Gürtels regelte. Ich hörte das Gebell in der Ferne und setzte mich an den Bettrand, als ob ich aufrecht besser hören könnte als liegend.

Mir wurde schwindelig. Schwindelig sein war besser als mich schämen.

Ich taumelte aus dem Bett. Ich probierte, das Fenster auf der Seite zur Maiffredygasse, das am wenigsten klemmte, aufzubekommen, doch das gelang erst nach wiederholten Versuchen. Ich lehnte mich gefährlich weit hinaus, als ob ich damit Zeit einholen könnte. Ich dachte, dass ich den Hund doch noch sehen müsste. Ich spähte die Straße entlang, bereits wissend, dass mein Viertel nach zwölf leer und nächtlich war. Gegenüber waren alle Vorhänge zugezogen, alle Rollläden unten. Die Straße war dunkel, so weit ich in die Maiffredygasse sehen konnte, bis gleich gegenüber, bei Hürlimanns. Doch nicht jeder schlief.

Meine Aufmerksamkeit wurde durch ein Licht, das von links kam, abgelenkt. Die Vorhänge hinter einem quadratischen Fenster im ersten Stock des Parkhotels waren nicht zugezogen. Alle Lichter im Zimmer brannten, auch der elegante Luster.

In diesem glitzernden Licht erblickte ich den Torso eines Mannes. Er beritt eine Frau. Sie lag auf dem Schreibtisch,

ihre Schenkel über dem Rand. Ich glaubte zu erkennen, dass sie den Fuß der Schreibtischlampe mit einer Hand festhielt.
Ich sah ein paar Sekunden lang zu. Ich fühlte, wie mein Gesicht einfror. Vor Kälte, denn ich hatte fast nichts an, aber auch vor Verwunderung über die Frau. Wie sie es mit sich machen ließ. Die Kälte wuchs über meinen ganzen Körper, der Nacken und der Rücken erglühten.
Die Frau, die beritten wurde, streckte die Beine in die Höhe, und sie hob ihr Haar und den Kopf hoch, und dann legte sie ihre Arme nach hinten. Sie ergab sich, es gab kein Entkommen.
Die kalte Luft drückte mich nach innen.
Zuerst zog ich das schwere Außenfenster zu, dann das leichtere Innenfenster. Ich tat es sachte, ich wollte das Knarzen vermeiden, ich fand es gut so, wie die Dinge waren. Mit der freien Hand schob ich das Papier auf meinem Schreibtisch zur Seite. Ich achtete nicht darauf, was meine Hand tat. Ich setzte mich auf die Rechenmaschine und das Lineal. Dziedziedziedzie machte die Rechenmaschine. Ich ließ mich auf meinen Rücken sinken, meine Schenkel hingen über den Rand. Ich bemerkte, dass meine Augen zu tränen anfingen, da ich sie offenhielt, aus Angst, dass ich blinzeln musste, aus Angst, dass die Vorhänge gegenüber auf einmal innerhalb einer Sekunde zugezogen werden würden, und dass ich dann allein zurückbleiben musste.
Dann passierten drei Dinge fast gleichzeitig.
Die Frau, die beritten wurde, blickte zur Seite in die Richtung meines Fensters. Ich war überzeugt, dass sie mich nicht sah, aber trotzdem dachte ich, dass sie mich ansah. Sie fuhr sich mit den Händen durch das Haar, streckte den linken Arm nach mir aus, sie lud mich ein, sie zu retten.

Ich schaute zurück. Ich hoffte, dass sie meinen Blick richtig verstand. Ich meinte, dass ich schon die Straße überquerte. Ich meinte, dass ich schon in ihrem Zimmer war. Sie sahen beide zu mir in der offenen Türe, sie streckten ihre Arme nach mir aus, und hoch, sie ergaben sich.
Einen Moment später erfolgte der größte Stromausfall, den Graz seit hundertunddrei Jahren erlebt hatte. Das letzte Mal war der Auslöser dafür ein Schneesturm in der Nähe von Murau. Ein Zug fiel aus und kurz darauf fast das gesamte steirische Elektrizitätsnetz.
Jetzt war es der Wind. Er hatte die ganze Zeit nicht stark geblasen, aber er war anhaltend und hartnäckig.
Von einem Moment zum anderen hüllten sich die Maiffredygasse und die Leonhardstraße in Dunkelheit. Das Parkhotel war eine schwarze Mauer mit etwas Glitzer da und dort. Das Mondlicht spiegelte in den Fenstern und glänzte im Reif auf dem Dachrand.
Ich setzte mich auf und beugte mich nach vorne. Ich zog meinen Slip hoch. Das Gummiband schnalzte gegen meine Haut. Ich stützte die Hände auf die Fensterbank, drückte die Wange gegen das Fenster, um so viel wie möglich von der Straße sehen zu können.
Die Dunkelheit stand vor mir. Als ob ich nur daran zu kratzen brauchte. Ein paar Mal am Fenster zupfen und ich würde mich an einem Ort wiederfinden, an dem ich nicht sein wollte.
Die Stille, die da hing, war nicht mit der Art von Stille zu vergleichen, die wir kennen. Es war keine Unterwasserstille. Es war nicht die Stille, die eintritt, wenn wir die Ohren zuhalten. Es war, als ob die Stimme plötzlich ein paar Oktaven fiel, auch wenn ich nichts sagte. Diese Art von Stille war es.

Ich hörte die Straßenbeleuchtung im Wind hin und her wiegen. Im ersten Stock gegenüber glaubte ich ein Viereck zu erkennen, das dunkler war als der Rest. Es gab viele dunkle Vierecke um das eine Viereck herum. Das Stück Straße, wo Jochen Jonathan Erhat gelegen hatte, mit weiten Armen und geknicktem Hals, sah ich nicht. Ich vermutete es nur, da unten. Ich unterschied links die Konturen der kahlen Bäume im Garten der Musikuniversität, die Linie der glänzenden Schienen, die um die Ecke des Parkhotels verschwanden, den glänzenden Gehsteigrand gegenüber der Maiffredygasse, und rechts das dunkle Loch, das den Rest der Straße andeutete, dahinter dann die Stadt – die ich dort nur wusste.
Ich erinnere mich, dass ich mit den Fingern meine Lippen betastet habe. Ich habe den Fenstergriff in die Hand genommen. Ich habe meine Brust gestreichelt, ich habe meinen Bauch gestreichelt. Dann habe ich die Hände in meinen Nacken gelegt, mich selbst umarmt. Eine Zeitlang verharrte ich beinahe atemlos. Kurz habe ich mich umgesehen, ob meine Eltern im Zimmer waren. Ich habe zur Stelle, die ich Gegenüber nenne, hingestarrt. Ich habe den Schimmer des Mondlichts da draußen mit weit geöffneten Augen nach innen gezogen, doch die Fenster des Parkhotels blieben blind.
Eine Zeitlang lächelte ich, weil ich an den Augenblick dachte, wenn das Problem gelöst sein würde. Ich hörte schon die elektrischen Wecker. In der gesamten Stadt weckten sie Männer und Frauen früher als vorgesehen. Generatoren piepten, summten. Lichter gingen ungefragt an. Sirenen heulten. Das Surren des Stroms weckte die Stadt, gerade jetzt, wo sie ihren zweiten Schlaf begonnen hatte.
Meine Augen gewöhnten sich an die Dunkelheit. Ich sah, dass die Fensterbank mehr Mondlicht fing als ich. Ich konnte sogar die Spione links und rechts der Fenster erkennen.

Ich betrachtete sie, von links nach rechts und wieder zurück, als ob ich sie verglich, und auf einmal waren nur zwei Gedankensprünge notwendig. Der erste: Der rechte Spiegel hatte ein paar Stunden zuvor das Licht einer Straßenlaterne gefangen. Der zweite: Der linke Spiegel hatte das Licht widergespiegelt, fallen gelassen, gerade als ich dort unten stand.

Mit einem Schlag verging mir das Lachen.

Ich wusste auf einmal mit ziemlicher Sicherheit, dass die Spiegel früher am Abend ein Unglück verursacht hatten. Eine Ursache mit Folge. Schmerz im Nacken deutet auf Schmerz im Unterarm, deutet auf Schmerz in der Verbindung zwischen Daumen und Zeigefinger, deutet garantiert auf Schmerz in den Gedärmen. Ich war nicht davon abzubringen. Wenn ich da unten auf der Straße ohne Fahrrad geblendet werden konnte, dann konnte ein Junge auf einem Fahrrad auch geblendet werden, und wenn man denkt, mit dem Fahrradreifen die Straßenbahnschienen nachfahren zu können, dann würde man unerbittlich den Asphalt spüren müssen. Noch dazu, wenn eine Einkaufstasche am Lenker hängt. Dann verstreut man, noch bevor man es sich versieht, Milch, Orangen, Kuchen und Krapfen. Man legt, noch bevor man es weiß, Rosen für sich selbst nieder, Grand Prix aus dem Hause Pammer.

Dann gab es wieder Strom.

Die Neonlampen über der Maiffredygasse flackerten auf wie in einer großen Lagerhalle. Ich hörte Musik, doch vielleicht bildete ich mir das nur ein. In der Küche piepte der Timer der Mikrowelle. Hinter den Fenstern einiger Häuser in der Straße brannten die Lichter so hell wie noch nie. Ich stellte mir vor, wie die Leute in den offenen Türen der Zimmer standen, mit der Hand am Lichtschalter. Sie sahen schlaftrunken nach

oben, den Mund weit offen, als ob sie die Deckenlampe, die sie selbst aufgehängt hatten, zum ersten Mal brennen sahen. Die Kellerräume bei Hürlimann badeten in Licht. Drinnen wimmelte es von Schatten.
Das Fenster im ersten Stock des Parkhotels war dunkel. Die Nacht hing unbeweglich zwischen den Falten der dicken Vorhänge.
Ich tat einen Schritt nach hinten und verschränkte die Arme. Im Dunkeln hatte sich der Wind die Zeit genommen, um sich hinzulegen.
„Sieh mal an", sagte ich.
Es begann zu schneien. Der Schnee fiel lotrecht.

Children don't forget, children don't forget.
WOOLF

Als mein Vater sechzig wurde, wollte er unbedingt auf ein Abendessen zum Welscher in der Schmiedgasse. Sein Vorschlag überraschte mich. Es war Dienstag und normalerweise war Essen für ihn nichts Besonderes. Er ließ auch noch ein Taxi kommen. Als er einstieg und bemerkte, wie ich ihn mit hochgezogenen Augenbrauen ansah, ließ ihn das völlig unberührt.
Beim Welscher bestellte er, ohne die Karte aufzuschlagen, das marinierte Rindfleisch, das er immer wählte, und betonte, dass er ein Kännchen Sauerrahm zu seinem Teller wünschte, doch das wussten sie dort schon, genauso wie sie wussten, dass er auch einen Esslöffel wollte, mit dem er alsbald die Saucenreste von seinem Teller schaben können würde.
Er streckte seine Hand mit gespreizten Fingern über den Tisch nach mir aus und ermutigte mich, mir Zeit zu lassen. Schon damals hatte er öfter Lücken in seinem Gedächtnis. Kaum eine Sekunde später drängte er mir ein Drei-Gänge-Menü auf. Das sollte ich alles für ihn essen. Dann bestellte er eine teure Flasche Tesoro.
Ich wehrte mich nicht dagegen, denn er hatte Geburtstag. Mein Vater und ich waren es gewohnt, im Stillen zu essen. Zuhause wollte er die Beschwerden der Kunden nicht mit nach oben nehmen, und wenn wir bei Tisch nicht über Klapplungen, Gürtelrosen oder Glaukome sprechen konnten, blieben wenige Themen über. Er stach mit der Gabel in die Luft über der Schmiedgasse und wies mich darauf hin, dass es schneien würde.
Ich sagte ihm, dass ich keinen Wetterbericht gehört hatte.
„Und trotzdem schneit es", sagte mein Vater.

Der Wein war schwer. Das Essen quoll in meinem Mund. Mein Vater aß genüsslich. Regelmäßig schaute er auf meinen Teller. Er verglich mein Essen mit dem seinen. Fand ich es wohl auch gut, so schaute er.
Ich wollte ihm gefallen, indem ich meinen Teller leer aß. Das war eine Herausforderung. Ich kaute wie besessen. Auf meinem Teller lag kein Salatblatt, unter dem ich ein Stück Fleisch verstecken konnte.
Als ich Gabel und Messer endlich ablegte, den Kopf abwendete und den letzten Happen mit dem Rest Tesoro hinunterschluckte, holte mein Vater statt mir erleichtert Luft. Er schabte die Saucenreste von seinem Teller, steckte den Löffel in den Mund und schleckte ihn ab, bevor er ihn hinlegte. Danach zog er die Serviette aus seinem Hemdkragen und beugte sich zum Tisch.
„Hör zu", sagte er zur Sicherheit.
Ich schob meinen Teller von mir weg und nickte. Ich dachte, dass etwas Wichtiges kommen musste.
Mein Vater sagte, dass ich gute Schuhe bräuchte.
Ich fragte, was er mit gut meinte.
Er sagte, dass er verlässliche, schöne meinte.
Ich sagte: „Schöne? Weiße?"
Er hatte nur eine einzige Art Lachen. Wenn er das hören ließ, führte er irgendetwas im Schilde.
„Ja, natürlich, weiße", entgegnete er. „Und einen neuen Kittel mit deinem Namen darauf."
Ich sagte, dass ich kein Bedürfnis nach neuen Schuhen oder einem neuen Kittel hatte, mehr noch: Ich fand es unmöglich, dass er an seinem Geburtstag darüber reden wollte, was ich brauchte. Wir sollten lieber darüber sprechen, was er brauchte.
Er legte die Hand auf seine Brust, schloss die Augen und lehnte sich zurück.

Ich merkte, dass er nicht darüber nachdachte, was ihm noch fehlte. Was ihm fehlte, war für ihn nicht die größte Sorge. Er sah auch nicht danach aus, als ob er morgen oder nächste Woche noch einmal genauer über diese Frage nachdenken würde.
Plötzlich blickte er mich direkt an, drehte beide Hände um und zeigte mir, wie leer sie waren.
Aus dem Nichts heraus fing er von der Wichtigkeit der Bedeutung magistraler und offizineller Herstellungen an. Er betonte, dass da der Gewinn verborgen lag. Er sagte, dass eigene Mixturen die Visitenkarte der Apotheke seien und fragte, wie groß meine Abneigung gegen diese Arbeit sei.
Ich sagte: „Sie muss getan werden. Wenn du sie nicht tust, tu ich sie eben."
„Richtig", sagte mein Vater. „Ich werde sie nicht mehr tun."
Er versprach sich beinahe. Fast zur Gänze entglitt ihm das Wort Drecksarbeit.
Der Junge, der uns schon den ganzen Abend bedient hatte, war gerade beim Tisch erschienen und hörte es auch. Er verzog keine Miene, sondern maßregelte meinen Vater mit seinem Blick. Er fragte mich, ob wir zufrieden gewesen seien, und ob er abräumen dürfe.
Ich sagte: „Ja, das darfst du."
Er legte das Besteck auf meinen Teller, stapelte die Schüsseln aufeinander, stellte die Teller darauf, das Oberskännchen, den Brotkorb. Während er das tat, nickte er zum Fenster hin und sagte, dass er den Schnee liebe, denn das Weiß verändere das Licht auf der Straße. Wenn wir dann zu Fuß nach Hause gingen, müssten wir einmal darauf achten.
Meinem Vater und mir fiel so schnell keine Reaktion darauf ein.

Ich schaute dem jungen Mann nach und bemerkte, dass er in seinem Nacken, genau unter dem Haaransatz und gerade noch über dem Kragen, ein dunkelrotes Muttermal hatte. Ich fragte mich, ob er sich dafür schämte, und ob ich mit so einem Fleck leben könnte.
Als mein Vater und ich uns wieder zueinanderdrehten, fühlten wir, dass wir an unterschiedliche Dinge gedacht hatten.
Der Tisch zwischen uns war sehr leer. Die zwei Gläser und das Salzfass standen unordentlich. Ich musste meine Stimme erheben, wenn ich mich verständlich machen wollte. Ich fing von selbst an, anders zu atmen.
Mein Vater verschob sein Glas.
Er wollte wissen, ob mir bewusst sei, dass ich ab jetzt, und das noch mein weiteres Leben lang, die Salbenmühlen nach der Verwendung entfetten müsse. Und er lenkte meine Aufmerksamkeit darauf, dass „ab jetzt" Synonym war für „tagtäglich". War ich mir dessen bewusst? Hatte ich jemals darüber nachgedacht, dass ich mein weiteres Leben Zäpfchen zählen und in Döschen füllen sollte, mit unserem Familiennamen darauf?
Ich sah von der Weinflasche zu meinem Vater.
Er schob sein Glas zu mir.
Es war sein Geburtstag.
Ich schenkte ihm Wein ein und sagte: „Schau." Ich zeigte ihm das letzte Läckchen Wein, das Flaschenglück. Es war kein Zufall, dass er es bekam.
Ich stieß mit meinem leeren Glas gegen das seine. Ich sagte: „Gesundheit, Vater." Ich sagte: „Noch viele Jahre ohne die Drecksarbeit."
Das fand er lustig.
Er wuchs in die Höhe und die Breite und stieß ein Gebrumm aus, das ich noch nie zuvor von ihm gehört hatte,

es war eigenartig. Brumm machte er wie ein kleiner Motor, der warm lief, als Klangkörper die Bank, auf der er saß. Mit ein bisschen Fantasie konnte ich mir vorstellen, dass er den Klang des letzten glückbringenden Läckchens Wein erzeugte.
Die Augen meines Vaters richteten sich zum Fenster. Ein paar Sekunden lang war sein Blick klar. In diesen paar Sekunden sagte er: „Der Rotzbengel ist aufmerksamer als ich. Was für ein Licht. Man könnte vergessen, dass es Abend ist.“ Es blieb etwas von der Klarheit in diesen Augen zurück. Das meiste verschwand.
Ich weiß nicht, wie lange ich sein Gesicht betrachtete. Ich glaube, ich starrte ihn an wie ein Suchbild. Hatte ich den Glanz in seinen Augen schon früher bemerkt? Oder war er nur betrunken?
Im Verlauf von ein paar Minuten verwandelte sich mein Vater von einem grauen, launischen Mann in einen graublauen Herrn, der auch schon einmal die Welt hat vergehen sehen, doch Grau und Blau waren in seinem Fall viele Farben zusammen.
Ich wusste, dass er sich beim Welscher immer pudelwohl fühlte. Er liebte die dunkle Holzvertäfelung. Das Service nannte er korrekt, was in meinen Ohren nicht gerade wie ein Kompliment klang. Er liebte die Sicherheit des marinierten Fleisches. Er liebte das Kännchen und den Löffel. In keinster Weise dachte er daran, einmal ein anderes Restaurant auszuprobieren, geschweige denn sich jemals zu fragen, ob es andere Restaurants in der Schmiedgasse gab und ob die Schmiedgasse vielleicht auch Seitengassen hatte.
„Also“, sagte mein Vater, als ob er zusammenfasste, wie der Abend bis hierher verlaufen war. Er lehnte sich mit den Ellenbogen auf den Tisch und schlug die Hände zusammen.

Ich schaute ihn an und kehrte in Gedanken zurück zu dem Gespräch über die schönen Schuhe und den neuen Kittel, denn der Abend hatte, nach meinem Gefühl, dort begonnen.
Ich sah vor mir, wie er die Hand auf seine Brust gelegt und sich mit geschlossenen Augen zurückgelehnt und stur verweigert hatte darüber nachzudenken, was er selbst noch brauchen könnte.
Ich erinnerte mich an meinen Ärger. Ich erinnerte mich an die Erleichterung, die in seinem Gesicht zu lesen war. Ich war bestürzt, dass ich diese erst jetzt bemerkte.
Der Mann ist nicht immer verquer, überlegte ich auf einmal. Wenn er die Hand auf seine Brust legt und sich mit geschlossenen Augen nach hinten lehnt, hat das vielleicht eine andere Bedeutung als die, die ich sehe. Vielleicht bedeutet es, dass er froh ist, endlich nicht mehr nachdenken zu müssen, was er selbst noch will. Vielleicht, dachte ich mir, habe ich unterwegs ein Zeichen übersehen.
Es dämmerte mir, dass mein Vater heute Abend für sein Gefühl etwas abgegeben hatte. Durch das Abgeben hatte er keine großen Bedürfnisse mehr. Ich versuchte mir vorzustellen, wie er beide Hände gerade eben hochgehoben hatte. Ich versuchte mir vorzustellen, wie er sie betrachtet hatte, sie mir gezeigt hatte. Ich dachte zu sehen, dass er sie angenehm leer fand, aber das war Interpretation.
In jenem Moment wurde mir klar, dass er mir viel mehr erzählt hatte, als ich begriffen hatte.
Er öffnete mir die Türe zum Zubereitungsraum nicht deshalb, weil er sich nur noch mit den Menschen beschäftigen wollte. Er drängte mir die Rezepturen nicht aus dem Grund auf, weil er das Leben nach seinem Sechziger nur noch hinter dem Verkaufspult verbringen wollte. Sein Plan

war nicht, bis zu seinem Lebensende so zu leben, wie sein Vater es ihm vorgeschrieben hatte.
Langsam, wenn die Leute zusehen.
Hirten kennen wie niemand anderer die Länge eines Tages.
Ein guter Hirte hat Geduld.
Zum Guten Hirten gehen die Leute, um sich Aufmerksamkeit zu holen. Wir müssen die Ersten sein, die sagen, dass alles gut wird. Es ist wichtig, dass wir dabei auf den Körperteil, von dem wir sprechen, zeigen. Den Kopf, den Hals, die Lunge, den Magen.
Diese Art Weisheiten, die streng genommen keine Weisheiten sind, hat mein Vater von seinem Vater mitbekommen. Er hat sie wiederum an mich weitergegeben. Jeden Tag der Woche wurde eine wiederholt, am Küchentisch, auf halbem Weg im Stiegenhaus, bei der Kapselfüllmaschine.
Auf einmal begriff ich, dass mein Vater nicht nur damit aufhören wollte langsam zu sein, wenn die Leute hinsahen.
Er wollte für immer aufhören mit dem Langsamsein.
Als die Nachricht mit voller Wucht bis zu mir durchdrang, wurde er, von der anderen Seite des Tisches aus, davon Zeuge. Er las meine Gedanken und nickte und zeigte auf sich. Seinen Kopf, seinen Hals, seine Lunge, seinen Magen.
Dann streckte er die Hand nach mir aus.
Er erwartete, dass ich ihm die Hand schütteln würde. Er hoffte, dass ich einverstanden sein würde. Dass ich sagen würde: „Abgemacht.“ Oder: „Du kannst dich auf mich verlassen.“
Natürlich bekam ich kein Wort über die Lippen. Seine Hand drang in Brusthöhe in meinen Körper ein, drückte meine Luftröhre zu, rüttelte an meiner Kehle.
Ich tat genau das Gegenteil von dem, was mein Vater sehen wollte. Ich wich nach hinten aus. Ich starrte mit großen

Augen ins Innere meines Kopfes und fluchte in mich hinein. Ich packte die Hand meines Vaters und ließ meine Stirn gegen seine Finger fallen und es war mir klar, dass er diese Geste später nachspielen würde. Er würde mein Verhalten eine Pantomime nennen. Eine lächerliche Vorstellung. Er würde den Josef darstellen.
Gleich bei der Mohren-Apotheke auf dem Südtiroler Platz steht über der Türe eines gewöhnlichen Hauses eine possierliche Heilige Familie, mit einem Josef, dem auf einmal einfiel, die Hand des Kindes zu küssen.
Josef, der handküssende Zimmermann. Mit diesem Josef würde mein Vater mich später vergleichen.
Am Tisch beim Welscher zog er die Hand zurück und wischte die Finger an seiner Hose ab. Er presste die Lippen aufeinander, bis nur noch ein Minuszeichen überblieb, und fragte, ob ich vorhatte, alles alleine zu tun. Bei ihm klang das, als ob Einzelgängertum etwas Schmutziges wäre.
Der Tisch wurde sehr schmal.
Ich schaute meinen Vater direkt an und imitierte seinen Ton. Ich sagte, dass ich nicht vorhatte, alles alleine zu machen, aber dass ich zuerst das Dessert aufessen wollte, das zu meinem Menü gehörte.
„Oh“, sagte mein Vater. Er musste sich rücklings hinsetzen und eine Frage, die von oben herab kam, beantworten. Der Junge mit dem Muttermal fragte, ob er noch etwas wünschte, eine Käseplatte vielleicht oder einen Schichtenstrudel, doch er schüttelte seinen Kopf und bekam somit nichts.
Mein Dessert wurde auf einem großen Teller präsentiert. Ein süßes Gebäck mit einem Glas Eierlikör dazu.
Mein Vater sah zu, wie ich aß, und bezeichnete den Teller als festlich.
„Ja“, sagte ich.

Ich wagte es nicht, noch einen ganzen Satz zu beginnen. Dass ich fast erstickte, entging ihm.
Er faltete seine Serviette zusammen, so wie er dachte, sie vorgefunden zu haben, und sagte, dass es gut gewesen sei. Er kannte das Wort „gemütlich“, aber er verwendete es nicht. Er machte sich auch keine Mühe, den Abend unvergesslicher zu machen, als er war.
Noch bevor ich meinen letzten Happen hinuntergeschluckt hatte, winkte er dem Jungen mit dem Muttermal und verlangte die Rechnung. Er wartete, bis ich meine Brieftasche zog, nur um mein Geld wegschieben zu können. Er kündigte an, dass er sich nach Hause fahren lassen wollte und schaute dabei so wie jemand, der sagen wollte, dass er sich auch das noch sehr wohl leisten konnte.
Ich ging mit ihm mit auf die Schmiedgasse, zum Taxistandplatz neben dem Rathaus und verschwieg, dass ich nicht vorhatte, ihn zu begleiten. Wie ein Sohn von zehn Jahren schlurfte ich neben meinem Vater die paar Meter mit schleppenden Füßen durch den Schnee her. Ich verlangte nach Schnelligkeit, dem Rhythmus meiner eigenen Schritte, dem Tempo meiner eigenen Gedanken. Am liebsten wollte ich wegrennen.
Mein Vater blickte aus seinen Augenwinkeln in meine Richtung. Jeden Moment konnte er wieder wachsen. Er würde mit einem schiefen Rücken bis über meinen Kopf wachsen und über mir hängen und mich rügen, weil ich mit den Füßen schleifte und einen eigenen Willen hatte.
„Geh nur“, sagte ich, als er um das Taxi herumgegangen war und die Autotüre öffnete. Er schaute auf und kam mir mit seiner Antwort keinen Millimeter entgegen.
„Natürlich“, sagte er.
Ich hatte gehofft, dass er noch etwas über seine Entscheidung sagen würde. Ein abschließender Scherz wäre schön

gewesen. Ein Witz hätte uns näher zusammenbringen können. Er hätte zeigen können, dass wir etwas geteilt hatten. Selbst wenn er nur ein paarmal wiederholt hätte, was ich gesagt hatte – geh nur, geh nur –, wäre es lustig gewesen. Er hätte seine Version daraus machen können. „Ich gehe. Tatsächlich."
Mein Vater tat nichts nur der Zierde wegen.
Er ging.
Das Taxi nahm eine scharfe Kurve um den Kreisverkehr und fuhr in die Richtung davon, aus der wir gekommen waren. Ich hörte die Reifen durch den nassen Schnee ziehen, als ob der Straßenbelag Sirup wäre.
Eine Zeitlang stand ich verwirrt da und starrte weiterhin zum Ende der Schmiedgasse.
Natürlich würde der Taxichauffeur nicht rechtsrum kehrt machen, weil mein Vater ihm auf die Schulter getippt hatte. Natürlich änderte mein Vater seinen Plan nicht, das würde er nie machen. Besonderer Abend oder nicht, das Taxi würde nicht zurückkommen, um mich abzuholen.
Als mir klar wurde, dass ich nicht darauf wartete, aber dass ich es – ärger noch – erwartete, sah ich mich um. Ich merkte, dass niemand mit offenen Armen auf dem Weg zu mir war.
Ich drehte mich um, schaute nach links, nach rechts, zögerte wegen des Spazierganges, der vor mir lag, und ging schließlich den Hauptplatz hinauf. Ich überlegte, durch die breite Herrengasse nach Hause zu gehen. Meine geplagte Lunge brauchte Raum.
Mein Schritt war schnell. So lief der Däumling, als er gerade seine Stiefel bekommen hatte. Ich atmete so tief wie möglich ein und so lange wie möglich aus und blickte in die Luft, hinauf zu den Resten Pulverschnee, der in Schleiern

aus den letzten dünnen Wolken fiel und mit dem Wind in alle Richtungen geschickt wurde.
Immer wenn ich über den Hauptplatz ging, sah ich auf die Uhr vor dem Geschäft von Weikhard. Es war eine Uhr aus den Dreißigerjahren, so eine, wie ich sie selbst gerne haben wollte. Ich las die Zeit mit einem Augenaufschlag ab. Ich erkannte, dass es noch nicht einmal zehn Uhr war, und das wunderte mich. Überrascht klatschte ich in die Hände. Ich dachte an das Wort vortrefflich. So habe ich noch nie reagiert. An dieses Wort hatte ich noch nie gedacht.
Es gab Leute, die erschraken, weil ich mich am Anfang der Herrengasse um meine eigene Achse drehte und dann meinen Spaziergang fortsetzte. Ich dachte: Diese Straße ist breit, aber der Himmel ist breiter.

Let’s have a look through the glasses.

SLATER

Auf dem Hauptplatz hatte ich den Wind schon gefühlt, doch als ich diagonal den Schlossbergplatz überquerte, um zum Kriegssteig zu gelangen, merkte ich erst, dass er schnitt. Es war ein hinterlistiger Nordostwind, der nicht pfiff, die Sorte Wind, die sie in Slowenien Bora nennen und der vom Tod geschickt wird, wenn es Zeit ist, jemanden zu holen. Wenn ein Wind einen eigenen Namen hat, muss man sich in Acht nehmen. Meine Augen brannten, weil mein Blick nach oben gezwungen wurde.

Auf dem Schlossbergplatz neigen sich die Fassaden links und rechts zueinander, wie bei einem Bühnenbild. Die Dächer zeigen in die Luft. Darum stockt einem der Atem, wenn sich plötzlich der Berg vor einem aufrichtet, während man das betrachtet. Egal zu welcher Jahreszeit, der Berg ist ein Riese, der auf großen Füßen in die Stadt gekommen ist und nur seine Absätze aneinanderzuschlagen braucht, um ein Haus dem Erdboden gleichzumachen. Im Sommer trägt er eine flatternde Jacke, im Winter behält er lange die Kleider des Herbstes an, bis Schnee fällt. Dann schmiegt sich der Kriegssteig im Zickzack an ihn an, eine Girlande auf einem Christbaum, der schon fast alle Nadeln verloren hat.

Ich stieg über das kleine, niedrige Tor, das geschlossen wurde, sobald es auf den Stufen glatt wurde und Unfälle passieren konnten, und sah nach oben zu dem schneebedeckten Geländer, das feine Linien zog, den schlanken Laternen, die den Weg anzeigten, kleiner wurden, auf dem Bauch des Berges der Sicht entschwanden.

Zuerst hatte ich meine Füße noch achtsam unter Kontrolle. Da, wo der Schnee gleichmäßig verteilt lag, war die Stufe vertrauenswürdig. Ich hörte das zarte Knirschen unter meinen Schuhen, fand einen Rhythmus darin. Ich mag es, wenn die Dinge zusammenkommen, wenn sie füreinander bestimmt sind. Nach kurzer Zeit stieg ich gedankenlos, Baum für Baum, nach der Melodie des knirschenden Schnees, empor.

Ich habe dafür studiert, um wie kein anderer das Risiko der Dinge zu erkennen. Chemie strömt durch meine Adern, Naturgesetze wurden mir mit dem Löffel verabreicht. Wenn ich sage: „Komm her, kalter Wind", weiß ich bereits, was der kalte Wind mit mir tun wird. Ich kann der Reihe nach aufzählen, was passieren wird. Ich beherrsche die Kunst, mir selbst innerhalb kürzester Zeit die Freude zu verderben.

Nach dem Abendessen beim Welscher pfiff ich auf die Reihenfolge. Was bedeutete schon ein Fehler, ein Missgriff, eine Entgleisung. Gleichgültig, wie dieser Abend nun abgelaufen war. Meine Beine mussten sich bewegen. Die Lunge musste pumpen. Ich wollte keine Ursache und keine Wirkung sehen. Ich hatte das Bedürfnis weiterzugehen. Ich wollte wissen, ob es mich gab.

Sobald die Stufen über den Dächern herauskamen, half mir der Wind. Er verlor die Fassung. Er wetzte die Messer und benutzte sie auch.

Ich suchte zwischen meinen Schultern Deckung und klemmte meinen Kragen zu. Die Enden des Revers faltete ich rund um meine Faust. Meine Faust drückte ich unter mein Kinn. Ich wendete meinen Körper von diesem Knecht des Todes ab. Vergeblich. Er fuhr mit seinen Nägeln über meine Wangen.

Dann endete die Betonreling. Es blieb nur noch eine schäbige, metallene Brüstung, die keinerlei Schutz bot. Meine

Hose war aus Papier. Ich steckte die Fäuste tief in die Jackentaschen und rieb meinen Körper an der Innenseite der Kleidung. Die Kälte ließ nicht nach. Sie setzte ihre Klaue wie eine Zange in meinen Schritt.
Es gelang mir, einen Knopf meiner Jacke aufzumachen und eine Hand durch das Loch hineinzuzwängen. Mit den Fingerspitzen suchte ich meine Leiste, drückte sachte hinein, knetete mein Skrotum durch den Stoff hindurch, es schrumpfte und schwoll darunter, schrumpfte und schwoll, als ob es abwechselnd von innen brannte und von außen fror.
Ich ertappte mich selbst bei einem Grinsen, und ich konnte nicht anders: Der Grinser wurde breiter. Ich überlegte, meine Stimme einzusetzen, um zu hören, ob meine Stimme höher war als sonst.
Dann brach ich in schallendes Gelächter aus.
Vorwärts, dachte ich. Vorwärts, es gibt wieder Platz für alles.
Ich knöpfte die Jacke zu, machte ein paar Schritte und wurde durch die Flächen der weißen Dächer hinter meinem Kragen abgelenkt. Schon oft hatte ich die Stadt unter dem Schnee gesehen, aber noch nicht oft von oben. Bei Tag war es ein schöner Anblick, bei Nacht wurde es eine Ansichtskarte. Ich flennte, weil ich überwältigt wurde.
Der Junge mit dem Muttermal beim Welscher hatte mich mit seiner Bemerkung über das besondere Licht überrascht. Ich hatte noch nie darüber nachgedacht, ob es vielleicht noch andere Menschen gab, die dieses unbeschreibliche Purpur kannten, das in der Nacht, nachdem es geschneit hatte, in der Luft hing. Ich fragte mich, ob der Junge, genau wie ich, davon überzeugt war, dass die meisten Wunder in diesem Licht passierten. Wenn man diese Farbe nach einem Schneeschauer sah, musste man wohl denken: Es gibt sie wirklich.

Das hätte ich einmal meinem Vater bei Tisch hinwerfen sollen. „Was denkst du, Vater?“
Ich faltete die Hände zu einem kleinen Hohlraum vor dem Mund und versuchte, den Gedanken an den Welscher zu einem anderen Gedanken zu verändern. Ich wendete mich ab von der dunklen Holzvertäfelung, ab von den dampfenden Tellern, ab von der Glut des Ofens weiter vorne, ab von meinem Vater.
Er prüfte die Leute. Um seinen Mund herum spielte ein Schmunzeln, das er sich selbst angelernt hatte. Seine Hände ruhten auf dem Tischrand, seine Arme hielt er gestreckt. Er war langsam. Er war Herr und Meister des Hier-und-Jetzt.
Mein Vater ist sehr vergesslich gestorben. Zuletzt wusste er nicht einmal mehr, was er gerade gedacht hatte. Er wusste nicht mehr, wo er in seinem eigenen Haus war. Das muss schlimm sein, wenn man immer Herr und Meister des Hier-und-Jetzt gewesen ist.
Ich drehte meinen Kopf und schaute dem Jungen mit dem Muttermal nach.
Die sinnliche Bewegung der Schultern. Der geschmeidige Rücken. Die Teller und Schüsseln auf der Hand und dem Unterarm waren federleicht. Als er bei der Küche war, trug er keine Fliege, kein Hemd und kein Unterhemd mehr. Seine Haut war blass und mit Pigmentflecken übersät, und in seinem Nacken saß, wie ein großes Auge, das Muttermal.
Ich musste weiter darauf starren.
Ich versuchte mich zu erinnern, wie ich mit achtzehn denn so gewesen war. Hätte mich vor zehn Jahren so ein Muttermal belastet? Hätte ich mich selbst mit dem Gedanken getröstet, dass der Fleck in meinem Nacken saß und nicht in meinem Gesicht? War mir mit achtzehn eigentlich bewusst, dass mein Körper eine Rückseite hatte?

Aus meiner Kehle kam das Geräusch eines Tieres.
Ich machte einen Schritt zur Seite. Fast rutschte ich aus, doch ich fing mich. Zur richtigen Zeit versetzte ich den richtigen Fuß und schon war die Gestalt, die mich fast gestreift hatte, vorbei.
Die Frau murmelte eine Entschuldigung und ging weiter. Sie klang verkühlt. Sie stieg die letzte lange Treppe hinauf und streckte die Hände hoch, als ob sie sich ergeben würde. Sie trug rote Wollstulpen. Bevor sie mit dem Weg begann, der im Zickzack den Berg hinaufführte, nickte sie mir noch einmal zu. Ihre Schritte zögerten nicht, sie brauchte das Geländer nicht. Sie wusste, wohin.
Ich quetschte eine späte Antwort aus meiner Kehle. Viel mehr als ein Gestammel kam nicht.
„Sicher", sagte die Frau von oben herab zu mir.
Ich wusste nicht, was sie dachte, was ich gesagt hatte.
Sie tauchte in dem roten Tuch unter, das sie ein paarmal um den Hals gewickelt hatte, und wurde kleiner.
An einem anderen Abend wäre ich umgekehrt. Ich hätte mir in Gedanken eine Route zusammengestellt, die durch die schmalen, geschützten Gassen führte. Den Stadtpark hätte ich entlang der Erzherzog-Johann-Allee durchquert. Ich hätte genauso gut über den am wenigsten kalten Weg nach Hause gefunden und mein Vater wäre nie darauf gekommen, dass ich ein Hosenscheißer war, der alles dafür gab, den Wind auszumanövrieren.
Ich dachte an den Zehnjährigen, der heute Abend durch den Schnee in der Schmiedgasse glitt. Ich dachte an den Mann, der ich war. Ein Mann, der mit achtundzwanzig neben seinem Vater durch den Schnee glitt und die ganze Zeit wusste, dass er vielleicht morgen allen Aufgaben gewachsen sein musste, aber heute noch nicht.

„Hallo Vater, ich bin zuhause."
Ich sah nach oben, zu dem Weg, der noch vor mir lag. Die Frau war aus meinem Blick verschwunden. Ich dachte an ihre Handschuhe, ihr Tuch. Ihre Jacke war in meiner Erinnerung kurz. Stark gebückt gegen den Wind war sie nicht gegangen. Ich schätzte, dass ich noch mindestens hundert Stufen und ein paar Pfade vom Himmel entfernt war und dachte: Wenn sie das kann.
Dann lief ich die Treppe hinauf, die letzte lange Treppe, bevor der Weg im Zickzack begann.
Nach dem Abend beim Welscher habe ich oft an dem Namen, den mein Großvater 1929 für die Apotheke gewählt hatte, herumgemäkelt. Ich zerbrach mir lange den Kopf darüber, ob nicht etwas Ähnliches zu finden war, das nicht unbedingt in der Lammwolle stecken blieb. War es nach meinem Großvater und meinem Vater nicht höchste Zeit, einen Namen zu finden, der kampflustig klang? Gab es keinen Namen, der einen Speer oder ein Gewehr aufrief, anstatt eines lahmen Stocks? Menschen vertrauten einem braven Hirten, aber war nicht auch etwas zur Symbolik eines Fischers oder Jägers zu sagen?
Der Sarg meines Vaters und die Leisten der Rahmen wurden sozusagen am gleichen Tag ausgemessen. Ich konnte die sieben Rahmen mit den goldenen Lettern nicht schnell genug austauschen. Da ich nicht wollte, dass sich mein Vater und mein Großvater in ihrem Grab umdrehen, habe ich den Namen, der in die Vergangenheit wies, später in kleinen Buchstaben unter dem neuen Namen angebracht. Keinen Moment bereute ich die Veränderung. Und ich muss zugeben, dass ich es nicht schlimm finde, dass ich ein Paneel über der Türe vergessen hatte. Dort steht der Name noch so wie früher. In dem Gold von früher.

Mit den Jahren habe ich gelernt, dass ein guter Hirte Fischer und Jäger und Fisch und Wild zugleich ist. Er kennt die Schule und die Herde und die Fährte und die Einsamkeit. Wie kein anderer erkennt er das Risiko der Dinge.
Dann kam ich keuchend beim Uhrturm heraus, in einem kleinen Schneefeld, wo kleine Tafeln darauf hinwiesen, dass man nicht auf die Tannenzweige steigen solle. Die Tannenzweige schützten die Blumenzwiebeln. Die dünne Luft machte mich trunken. Mein Gehirn registrierte die Botschaft, die ich gerade gelesen hatte. Trotzdem suchte ich noch um mich herum nach den Tannenzweigen, den Blumenzwiebeln.
Auf einem offenen Platz weiter oben wärmten sich ein paar Leute an einem Feuerkorb. Sie lachten prustend, tranken Punsch und brieten Maroni. An den Laternen zogen Rauchschwaden vorbei.
Der warme Wein und die gebratenen Maroni und der schwere, süße Geruch von Früchten gehörten zum Winter. Im Januar konnte es passieren, dass man plötzlich, in einem Moment, wo man es am allerwenigsten erwartete, einen Hauch von Orangen auffing, von verbrannten Maronischalen, ein vergessener Geruch, der noch vom vergangenen Mal in der Nase hängen geblieben war.
Ich ging den Weg nach oben, einen strahlend weißen Teppich mit Fußstapfen darin. Sie führten in die eine oder die andere Richtung.
An der Kreuzung hatte sichtbar jeder gezögert, welche Richtung er weitergehen sollte.
Mit kalten Händen versuchte ich meine Stirn und die Gedanken warm zu reiben. Ich könnte meinen ursprünglichen Plan abändern und dem Weg zum Starcke Haus folgen. Dann könnte ich einen kleinen Tisch in der Ecke bekommen, wo niemand sitzen wollte, und ich könnte sittsam tun

und einen Kräutertee mit Honig bestellen, langsam vor dem Schlafengehen trinken, Leute beobachten, ernst wahrscheinlich, da ich über die Worte meines Vaters nachdenken müsste.
Ich könnte auch dem Weg in die andere Richtung folgen und das letzte Ende dem Glockenturm entlang bis zum Hackher-Löwen gehen, um danach über den Weg, den ich den hinteren Weg nannte, als ob der Berg nur eine Vorderseite und eine Hinterseite hätte, wieder hinabzusteigen, so wie es mein Plan gewesen war, als ich noch von unten die Treppe entlang hinaufgeblickt hatte.
Ich wählte nicht den Tee.
Der Wind stand weniger stramm als gerade eben, als ob sich der Schlossberg um ein Viertel nach Nordosten gedreht hätte. Er schnitt nicht. Er schabte. Er suchte nach Ritzen in meiner Kleidung.
Ich zog meine Jacke straff um mich und folgte dem Weg, dem die wenigsten Leute folgten, und versuchte, auf nichts Besonderes zu achten, an nichts Besonderes zu denken.
Ich hoffte auf Sterne, doch der Himmel war zu. Auf einer Laterne lag ein Häufchen Schnee. Das Häufchen sah aus wie ein verdrückter Hut. Ich erschrak wegen einem Vogel, den ich zuerst für eine Eule hielt, doch es war eine Taube, die von jemandem oder etwas geweckt worden war und panisch aufflog. Ich zählte die Futterkästchen, die nicht für die Tauben gedacht waren. Da hingen drei. Ich sah eine Bank, worauf sich jemand, trotz des Schnees, gesetzt hatte. Der Abdruck des Körpers saß noch da. Ich sah den chinesischen Pavillon zwischen den Bäumen, und seltsamerweise dachte ich an die Tatsache, dass ein paar Kunden mich heute „Junge" genannt hatten. Ich dachte: Heute muss ich wohl wie ein Junge ausgesehen haben.

Bis zum Fuß des Hackher-Löwen hieß mein Spaziergang Hinweg. Ich stellte mich auf die breite Stufe neben den Löwen, der in Richtung Gösting brüllte, und blickte mit ihm gemeinsam mit.
Ich fühlte, wie mir die Müdigkeit Streiche spielte. Ich brauchte mich nicht mehr so oft zu vergewissern, ob ich lebte. Andere Fragen kamen mir in den Kopf, wie das so ist, wenn das Bett ruft. Ich ließ meinen Blick von links nach rechts gleiten. Ich dachte an die großen Städte, die hinter den Bergen lagen und wo ich irgendwann hinwollte. Schönheit bietet nicht immer Trost oder wache Gedanken.
Ein kalter Windstoß ließ mich am eigenen Leib fühlen, wo Norden war. Ich krümmte mich zusammen und tat einen Schritt nach hinten, der erste Schritt des Rückwegs, und gerade als ich mich umdrehte, stapfte neben mir jemand nach vorne. Meine Lunge klappte zu. Das Kreischen, das ich ausstoßen wollte, blieb in meiner Kehle stecken. Ein paar Sekunden stand etwas anderes als ein Mensch neben mir, ich dachte an das Böse oder die Sühne, aber dann musste ich über mich selbst lachen, denn das Böse oder die Sühne war eine Frau, und sie trug eine kurze Jacke, rote Wollstulpen und ein rotes Tuch.
Sie sagte: „Sorry."
Ich sagte: „Entschuldigung?"
Sie zog das rote Tuch vor ihrem Mund weg und wiederholte, was ich gesagt hatte, als ob ich ihr ein neues Wort beigebracht hätte.
„Entschuldigung."
Sie kicherte und legte ihre Arme übereinander. Sie hatte es nicht eilig.
Ich blieb bei dem Lächeln, das ich immer aufsetzte, wenn es lange dauerte, bis der eine Kunde am Verkaufspult dem anderen Platz machte.

„Sie verfolgen mich“, sagte ich.
Die Frau zog ihre Augenbrauen hoch und verwendete ein englisches Wort, woraus ich schloss, dass sie nicht verstanden hatte, was ich meinte. Sie zeigte zu der hohen Mauer hinter uns.
„Ich komme immer hierher“, sagte sie und sie stieß mit dem Kinn in Richtung Boden. „Hier ist weniger Wind als dort. Hier steht man mehr oder weniger abseits der Zugluft.“
Ich zog die linke Schulter nach oben und dann die rechte Schulter, als ob meine Schulterblätter eine Decke wären, die ich so über mich hindrapierte. Ich sagte, dass ich den Unterschied noch nie bemerkt hätte.
„Ja“, sagte die Frau fast singend und sie machte dabei nickende und schüttelnde Bewegungen mit dem Kopf, als ob sie noch zweifelte, ob sie mir Unrecht oder ein bisschen Recht geben sollte. Sie sagte, dass sie in The English Bookshop auf dem Tummelplatz arbeitete und dass das dort an der Ecke manchmal eine andere Welt war im Vergleich mit dem Rest der Stadt.
„Eine andere Welt?“, sagte ich.
„Ein anderes Klima“, beteuerte sie. Sie klopfte den nicht vorhandenen Schnee von ihrer Jacke und zog die Nase auf, sie war erkältet. Den Mund musste sie etwas geöffnet halten, um Luft zu bekommen.
„Nicht jeder erfährt überall dieselbe Temperatur“, sagte sie. „Das ist logisch. Unter den Menschen gibt es eben Wintertypen und Sommertypen.“ Ihr Gesicht wurde klarer. „Nur auf dem Tummelplatz, da ist immer Sommer. Da ist es für jeden immer wärmer als anderswo.“ Sie grinste breit und zog noch einmal die Nase auf. „Überrascht Sie das?“
„Ich wusste nicht, dass es in Graz eine englische Buchhandlung gibt“, sagte ich.

„Hello“, sagte die Frau. „Wo soll sie denn sonst sein? In Pram?“
Ich kicherte, nicht weil ich es lustig fand, sondern weil ich nicht sicher wusste, ob es eine Stadt gab, die Pram hieß, und weil sie den Namen auf Englisch aussprach und es dadurch wie ein bestehender Begriff klang.
Ich wurde kurz still. Die zwei Wege, die ich hinaufgehen konnte, waren gesperrt. Was sie über Temperatur sagte, fand ich Unsinn, und von englischer Literatur hatte ich keine Ahnung. Wenn es nicht im Radio gewesen war oder einen Preis gewonnen hatte, kannte ich das Buch nicht. Wann hatte ich in den letzten Jahren Zeit gehabt, um eine Geschichte ganz zu lesen?
Ich spazierte hinter dem Hackher-Löwen entlang und hatte vor, mich zu verabschieden. Ich dachte: Ich wechsle noch ein paar Worte, ich frage, woher sie denn genau kommt und ob sie schon lange hier wohnt, ich mache ihr ein kleines Kompliment, weil sie fast akzentfrei spricht, und grüße sie, bis auf Nimmerwiedersehen.
So einfach konnte ich ihr nicht entkommen.
Die Frau spazierte vor dem Löwen entlang und wählte einen Stein aus, an den sie sich anlehnte. Das eine Bein ließ sie in der Höhe ihres Knöchels auf dem anderen ruhen. Sie schnäuzte sich. Sie fragte, ob ich viel lese.
„Bücher?“ sagte ich.
Sie steckte das Taschentuch weg und rückte das rote Tuch unter dem Kinn zurecht. „Ja, natürlich, Bücher“, sagte sie. Sie begann, in ihren Jackentaschen zu kramen. Sie zog Tabak und Zigarettenpapier heraus. Ohne auf ihre Hände zu schauen, verwandelte sie das raschelnde Zigarettenpapier in eine Zigarette. Das Streichholz, das sie anzündete, ließ das letzte bisschen Gesumme der Stadt in Rauch aufgehen.
„Eines die Woche? Eines am Tag?“

Ich sagte: „Was soll ich sagen?“ Ich blies die Luft vor mir aus und gab die Hände vor die Brust, um eine Waage zu zeigen. Das nahm Zeit in Anspruch, denn es war eine Waage, die sehr genau wog.
Schnee löste sich von einem Ast.
Sie hatte überhaupt keine Geduld. Sie sagte: „Also?“
„Also“, sagte ich. „Im The English Bookshop wird pro Woche oder pro Tag gezählt. In meinem Fach geht es um das Nano.“
Sie sah mich an und behielt den Rauch, den sie soeben eingeatmet hatte, eine Zeitlang bei sich.
„Das Nano“, sagte sie. Mit der Hand, mit der sie die Zigarette hielt, kratzte sie sich an der Nase.
Sie verlagerte ihr Gewicht auf das andere Bein, schlug einen Arm um ihren Bauch und legte den anderen Arm darauf. Sie war der rotweintrinkende Typ, der von sich selbst dachte, dass er nach jedem Glas klarer formulierte.
„Eigentlich willst du sagen, dass du nie liest“, sagte sie.
„Nie“, sagte ich. Ich versuchte, mehr den Ton eines Zweifels durchklingen zu lassen als den Ton eines Bekenntnisses. „Ich war ein bisschen zu lange mit pharmazeutischer Literatur zugange, um jetzt noch ein Buch genießen zu können.“
Die Frau drehte ihre Augen einen Moment eher zu mir als ihr ganzes Gesicht und spitzte die Lippen.
„Ich esse schon seit ich zwei war Brot“, sagte sie.
„Ja“, sagte ich. „Brot ist Nahrung. Die Liebe zu Brot habe ich nicht verlernt.“
„Das sagt er auch noch mit einem Lächeln“, sagte sie, und sie stützte eine Hand in die Hüfte und hielt sich mit der anderen Hand an der Zigarette in der Luft fest. Hätte sie ein Glas Wein gehabt, hätte sie es hinuntergekippt.

Sie neigte sich zu mir und berührte kurz meinen Arm, ich sollte ihr vertrauen. Sie stand ein wenig zu weit weg, sonst hätte sie meine Schulter angefasst.
„Ich denke nicht, dass man etwas verlernen kann, wenn man es nie gelernt hat“, sagte sie.
Ich stieß ein brummendes Geräusch aus und versuchte, amüsiert zu schauen. Ich zog die Mundwinkel einwärts, so wie ich es tat, wenn Kunden nicht nur lange bummelten, sondern auch noch uninteressante Dinge sagten.
Nach den Hirten haben die Alten am längsten Zeit. Sie verfallen am häufigsten in Wiederholungen. In ihren Handtaschen hat alles ein eigenes Fach, aber auch in ihren Köpfen. Die Taschen der Minister werden durchgescheuert von dem Geld, das darin verschwindet, die Jugend ist immer von heute, früher war alles besser, und selbst haben sie ihre beste Zeit gehabt.
Ich versuchte es mit einem neutralen: „Ach“, so wie man es sagt, wenn man sich gleich verabschieden wird.
„Ach“, antwortete die Frau, und sie kniff noch einmal in meinen Unterarm. „Ach ist der Anfang des Desinteresses. Manchmal komme ich frühmorgens hierher. Manchmal mittags. Ich meine: zum Glockenturm. Nicht um so wie jeder das Läuten der Glocke zu hören. Ich komme wegen des Geräusches von vorhin.“
Ich wölbte die Augenbrauen.
„Ja, dafür“, wiederholte sie. „Wenn du dich kurz vor sieben Uhr oder kurz vor zwölf neben den Turm stellst, kannst du hören, wie die Glocke aus dem Stillstand in Bewegung gebracht wird, ohne dass der Schwengel losgelassen wird. Du hörst die Balken krachen. Du hörst die Bewegung der Luft.“
Sie stellte sich wie eine Glocke vor mich hin. Sie krümmte den Rücken, ließ den Kopf und die Arme hängen und

bewegte sie hin und her. Wumm. Und noch einmal, stärker, wumm.
„Und dann", sagte sie, und sie unterbrach sich selbst und richtete sich wieder auf.
„Dann ist es sieben Uhr, zwölf Uhr. Dann darf der Schwengel einsetzen, hundert und ein Mal kommt das Geläute. Touristen machen Fotos davon. Dong. Dong. Dong. Als ob sie das Läuten dann hundert und ein Mal auf dem Foto sehen könnten, wenn sie wieder zuhause sind, in Italien oder was weiß ich wo."
Ich hob die Arme leicht nach oben und ließ sie wieder fallen.
„Tatsächlich", sagte die Frau. „Die Leute zählen mit den Fingern mit und gehen davon aus, dass sie Zeugen eines wichtigen Moments sind. Hundert und ein Glockenschlag. Wenn das Läuten aufhört, höre ich sie einander fragen, was sie jetzt machen sollten. Dabei versäumen sie, wie sich die Glocke wieder beruhigt. Sie zieht an den Balken, sie rauscht immer leiser. Fuumm. Fuumm." Ihre Arme baumelten noch kurz nach und hingen dann still. „Man sollte sie dazu zwingen, ihr Ohr gegen den Glockenturm zu legen und dem echten Klang zuzuhören. Man sollte sie dazu zwingen, dies frühmorgens zu tun, um sieben Uhr. Dann dröhnt die Glocke eigentlich am schönsten, weil der Tag dann so jung ist."
Ich sagte, dass ihre Geschichte unglaublich sei. Aber, wollte ich wissen, warum fing sie von dem Glockenläuten an, wo wir doch über Bücher redeten?
Sie drückte die Zigarette gegen ihre Lippen und zog daran. Der Geschmack widerte sie an. Sie schaute den Stummel an, schnippte ihn mit dem Zeigefinger weg und sagte: „Dass du das nicht verstehst."
„Nein", sagte ich. „Sie sprechen die Sprache der Künstler."

Die Frau lächelte. Es war genau das gleiche Lächeln, das ich einsetzte, wenn der nächste Kunde dran war, aber derjenige davor das Pult nicht losließ. Das schockierte mich ein bisschen, doch mehr noch schockierte mich die Frau.
Sie zog den Rotz in ihrer Nase hoch und sagte: „Was sagt dein Freund dazu?"
Ich verzog meine Augenbrauen und fühlte, wie ich zurückscheute.
„Entschuldigung?", sagte ich.
„Dein Freund", sagte die Frau. „Oder irre ich mich?"
Die gläserne Glocke, die eine Zeitlang über uns gestülpt war, wurde entfernt. Die Kälte schlug zu. Der Wind zog an, der Schnee war zurück, die Stadt rings um mich.
„Ich wohne noch zuhause", sagte ich. „Mein Vater liest nichts, nicht einmal die Reklame. Ich habe keinen Partner." Meine Stimme war blechern. Ich dachte: Ich werde noch eine Frage stellen, und noch eine und noch eine, dann wird es nie still.
Ich sagte: „Sind sie oft hier?"
Die Frau sagte: „Was ist oft? Ich gehe einfach spazieren."
„Ich auch", sagte ich. „Wahrscheinlich habe ich so wie Sie öfter das Gefühl, dass ich tagelang an derselben Stelle stehe. Ich bin Apotheker. Hermann. Eichler. Sie finden mich an der Ecke der Leonhardtstraße und der Maiffredygasse."
„Carla", sagte die Frau. „Ich komme vorbei, wenn ich kränker werde. Das verspreche ich dir."
Ich sagte: „Ich werde mich an Ihr Versprechen erinnern, Carla", und ich drehte mich um.
„Hab ich dich beleidigt?", fragte sie meinen Rücken.
Mein Rücken hörte schlecht.
Ich sagte: „Auf Wiedersehen" und streckte eine Hand aus, die etwas anderes bedeutete.

Noch keine drei Tage später stand Carla piepsend vor dem Verkaufspult in der Apotheke. Sie drängte sich nach vorne, immer nach vorne. Ich weiß nicht mehr, ob ich etwas sagte, oder was ich sagte. Ich weiß jedoch, dass ich ihr zunickte und sie mit dieser Kopfbewegung in mein Leben hineinließ.

Let's get up. We're goin' north again!
ALBEE

Ich dachte logisch nach. Wenn der Unfall hier vor der Türe passiert war, dann würden die Rettungsleute nicht auf die Idee kommen, den armen Jungen in das Krankenhaus West einzuliefern, wo Unfallopfer normalerweise hingebracht werden. Sie würden ihn auch nicht zu den Elisabethinen bringen, das war zu weit weg. Minuten waren kostbar, und jeder Kilometer weniger bedeutete gewonnene Zeit.
Ich tippte auf das Landeskrankenhaus. Dieses Krankenhaus war in der Nähe und so groß wie eine Kaserne. Der Krankenwagen musste sowieso fliegen. Das Landeskrankenhaus zauberte Betten herbei, wo noch nie Betten gestanden hatten. Jochen Jonathan Erhart lag schon lange hinter einem Vorhang, und es wurde für ihn gesorgt. Im schlimmsten Fall brannte grelles Licht in einem weißen Raum. Dann waren das weniger gute Nachrichten, doch an einen dunklen Raum, wo er tot dalag, war das Letzte, woran ich denken wollte.
Auf halbem Weg im Treppenhaus, das zur Apotheke führt, blieb ich stehen.
Der Gedanke überfiel mich, dass es nicht undenkbar war, dass der Junge genau im Moment des Stromausfalls auf dem Operationstisch lag. Als mir diese Möglichkeit in den Sinn kam, brach die Welt zusammen.
Ich riss mich zusammen und klammerte mich am Geländer fest, denn sonst würden meine Beine unter mir wegschlagen. Ich schaute nicht nach unten. Die Innentreppe ist steil und schmal. Hinsetzen konnte ich mich nicht, die Stufen waren nicht tief genug. Mir fiel nichts Besseres ein, als mich vorsichtig um meine Achse zu drehen und Schritt für Schritt, mit dem Gesicht zur Treppe, nach unten zu steigen.

Ich versuchte, meinen Vater nicht vor mir zu sehen. In seinen letzten Monaten ist er ein paar Mal rückwärts die Treppe heruntergekommen, obwohl er gar nicht in der Apotheke hätte sein müssen. In seinen letzten Monaten hat er sich oft in seinem eigenen Haus verirrt. Das ist für die Kunden unangenehm gewesen. Jemanden, der sein Leben lang zu einem gesagt hat, dass alles gut wird, will man nicht herumirren sehen.
Unten an der Treppe legte ich die Hände auf den Kopf. Durch das Anfassen meines Kopfes und das tiefe Ein- und Ausatmen hoffte ich mich zu beruhigen.
Hier bin ich, hier bin ich.
Ich fuhr mit den Händen über mein Gesicht, strich mein Haar straff zurück, bis es wehtat, doch ich bekam die Gedanken in den grauen Zellen nicht in Ordnung. Ich bekam über Nacht da oben nie alles blitzsauber. Meine Gedanken sind wie der Fußboden in der Apotheke. Alle Reinigungsfrauen verfluchen ihn. Sie bleiben auch nie lange. Auf ein paar Streifen Parkett folgen Fliesen mit ziseliertem Chrysanthemenmuster. Mein Großvater hatte sie für sein modernes Geschäft ausgesucht, jetzt bieten Antiquitätenhändler eine Menge Geld dafür. Reinigungsfrauen macht er aggressiv. Der Boden kann geschrubbt, jedoch nicht gewischt werden, die Seifenlauge und der Schaum bleiben in den Wölbungen hängen, der Schmutz sammelt sich darin.
„Herr Eichler“, sagen sie, während sie zum Boden zeigen. „Das ist verlorene Liebesmüh.“
„Was?“, sage ich dann.
Sie schlagen immer mit der Türe, wenn sie abrauschen.
Ich knipste die Neonlampen im Zubereitungsraum an und schaltete in einem Teil der Apotheke auch die Vitrinenbeleuchtung ein. Ich blätterte durch das Register mit den

wichtigen Telefonnummern und stieß auf die Krankenhäuser. Das Register tat schon seit Jahren seinen Dienst. Irgendwann hatte mein Vater die Krankenhäuser unter dem Schlagwort „Notfälle" eingeordnet, etwas, das ich konsequent vergaß. In der Liste der Krankenhäuser fand ich das Landeskrankenhaus nicht. Ich las immer wieder die Namen durch, konnte meinen Augen nicht glauben, und als ich es beinahe schon aufgegeben hatte, fiel mir ein, dass ich nach dem Universitätsklinikum suchen musste, und da stand es.
Ich unterstrich die Nummer mit dem Zeigefinger und griff nach dem Telefon an der Wand.
Dann sah ich zur Seite.
Ich stand einen Meter entfernt von mir in dem gläsernen Kasten. Ich stand da nicht deutlich, da das Neonlicht viele Schatten warf und das Glas an den Stellen, wo die weißen Tiegel mit Glucose und Lactose standen, nicht spiegelte. Trotzdem konnte ich mich genau erkennen, und ich passte exakt in die Türe. Ich sah die Krümmung meiner Zehen, die Wölbung meiner Waden, meine verhältnismäßig mageren Oberschenkel, meine linkstragenden Unterhosen, die gegen den Abend hin immer ein bisschen zogen, da sie nicht mehr so elastisch waren, die bescheidenen Fettpölsterchen links und rechts über dem Gummiband, meinen Bauch, der nicht straff war, jedoch auch nicht hervorquoll, meinen Torso mit den Brustwarzen, mit dem ich selbst zufrieden war, und das kleine T von Brusthaar, das ich gut fand, meine zu schmalen Schultern, weil ich früher nie Sport betrieben habe, meinen mageren Hals, mein gräuliches, kurzes Haar, das seltsamerweise fast wieder einen Jungen aus mir machte, meinen scharf geschnittenen Mund, meine hohen Wangenknochen, meine gute Nase.
Meinem Blick wich ich aus.

Ich wurde von meiner Hand abgelenkt, die das Telefon losließ und sich langsam zurückzog. Meine Hand schloss das Register und legte sich auf den Kasten. Mein Kopf sackte weg, während ich ihn ansah. Das Schrumpfen schien mit dem ganzen Körper vor sich zu gehen. Alles wurde kleiner, alles schmolz ineinander. Gleich würde ich verschwinden.
Fantasie hat viel Macht. Mit Fantasie sind wir in der Lage, uns alles vorzustellen, was andere Menschen denken und fühlen. Der Bequemlichkeit halber gehen wir davon aus, dass unsere Vorstellung die richtige ist. Unsere Gedanken sind wahr.
Wenn jemand sagt, dass er eine Familie hat, denken wir uns selbst das Glück dazu, da uns immer vorgemacht wurde, dass Familie und Glück untrennbare Zwillinge sind. Wenn jemand sagt, dass er das Glück gefunden hat, dann geben wir ihm selbst die Liebe seines Lebens, wobei die Liebe und das Glück nicht notwendigerweise im gleichen Bett schlafen. Ich kann mir vorstellen, dass das Glück nicht gerne alleine schläft, aber ich denke nicht, dass das Glück immer neben der Liebe liegt.
Mein fast nackter Körper, den ich in der Nacht nach dem Unglück von Jochen Erhart in meinem gläsernen Schrank sah, wurde noch nie von jemand anderem als mir selbst betrachtet. Niemand hatte je die Chance bekommen, zu urteilen, ob meine Zehen zu lang waren oder zu weit auseinanderstanden. Niemand hat die Wölbung meiner Waden verfolgt und besungen. Niemand hat voll Begierde meine mageren Oberschenkel angesehen, meine linkstragenden Unterhosen. Niemand hat die bescheidenen Fettpölsterchen links und rechts über dem Gummibund fest gepackt und perfekt gefunden, um danach den Gummibund nach unten zu schieben. Niemand hat gesagt, dass mein Bauch noch ein paar

Größen mehr auseinandergehen könnte, weil Fett gut ist. Niemandem ekelte vor meinen Brustwarzen, dem Haar um meine Brustwarzen, meinem Brusthaar. Es gab auch niemanden, der gesagt hatte, dass es ein schönes T war. Niemand hatte zu mir gesagt, dass schmale Schultern, ein magerer Hals und kurzes Haar, hohe Wangenknochen und alles, alles, alles, was einen Jungen ausmachte, gut war.
In diesem Moment kam es mir, dass ich im Zubereitungsraum meiner Apotheke stand, in Unterhosen, in einem Bad von Neonlicht.
Die Scham legte sich wie zwei warme, klebrige Hände in meinen Nacken.
Kaum eine Minute zuvor hatte ich noch den Plan gehabt, im Landeskrankenhaus anzurufen. Kaum eine Minute zuvor hatte ich noch den Plan gehabt, die andere Person am anderen Ende der Leitung zu fragen, ob Jochen Jonathan Erhart in das Landeskrankenhaus aufgenommen worden sei. Und wenn ja, wie es ihm gehe. Beinahe hätte ich zugegeben, dass ich etwas mit dem Unglück des jungen Mannes zu tun hatte.
„Und wer sind Sie denn eigentlich, mein Herr?"
„Hermann Eichler. Von der gleichnamigen Apotheke."
Ich stieß die Luft aus meiner Lunge. Der Atem war ein abfälliges kleines Lachen. Ich zog die Augenbrauen hoch, um mir selbst in dem gläsernen Schrank zu zeigen, was ich von meinem Betragen hielt, und klickte mit giftigem Klopfen die Schalter im Zubereitungszimmer und in der Apotheke um.
Ich befahl mir selbst, sofort schlafen zu gehen. Vielleicht war es ratsam, mich am Bett festzubinden, dann konnte ich nichts mehr anrichten in der Welt. Vielleicht war eine Schlaftablette die Lösung.

Tastend suchte ich in der Lade die Schachtel Hoggar Night. „Schau, du Idiot“, zischte ich mir zu. „Schau, wie du jetzt in dem Chaos wühlst, das dein Gehirn lahmlegt.”
Meine Unterhosen zog ich oben an der Treppe schon aus und ich warf sie von der Türe aus unter den Stuhl neben dem Bett. Die Schachtel Schlaftabletten schmiss ich auf meine kalte Kleidung.
Sobald ich die Lampe über dem Spiegel im Badezimmer einschaltete, sprangen mir türkise Fliesen entgegen. Ich erschrak schon lange nicht mehr, wie rosig ich da immer vor dem Spiegel stand, inmitten all dieses tropischen Blaus und all dieses Glanzes bis zum Plafond.
Hoch oben an der Mauer hinter mir glühten die Wärmeelemente der Heizung auf. Meine Schultern wurden gesund rot, mein Gesicht blieb krank.
Ich wusch mich stehend am Waschbecken. Meinen Unterleib, meinen Oberkörper. Fortwährend wurde mir die Größe meiner Hand bewusst. Es war die Hand eines mürrischen, alten Weibes. Sie verwendete kaltes Wasser und trocknete mich mit einem harten Handtuch aus dem Schrank ab. Sie gab mir eine Zahnbürste, die mein Zahnfleisch nicht verschonte. Auch meine Zunge musste sauber werden. Sie war nicht schnell zufrieden.
Ich holte die Pyjamahose unter dem Kissen hervor, legte die Jacke bereit, knotete das Band, das die Hose hielt, zusammen, maß mir das frisch gebügelte Gefühl von früher an. Es passte mir nicht. Ich war keine zehn und ich kam nicht gerade aus dem Bad und bekam keinen sauberen Pyjama angezogen und durfte auch nicht aufbleiben, bis mein Haar trocken war.
Das Bett war gewarnt. Die Schachtel Hoggar Night lag bereit. Ich kam schlafen.

Ich schlug das Laken und die Decke weg, sackte auf dem Rand des Bettes nieder und schaute von der Schachtel mit den Schlaftabletten zur Brieftasche auf dem Stuhl. Am liebsten hätte ich den Willen aufgebracht, den Arm in Richtung Pillen auszustrecken, aber es war die Brieftasche, die ich öffnete.

Ich nahm die Mitgliedskarte heraus und hielt sie zwischen meinen beiden Händen hoch.

„Hallo", sagte ich zu dem Porträt. Ich spielte übertrieben, in dem Versuch, mich selbst lächerlich zu machen, doch mein Ton blieb ernst. Ich sagte, dass ich hoffte, dass es ihm gut gehe. Ich richtete meinen Rücken gerade, streckte den Zeigefinger und den Mittelfinger hoch, und verkündete, dass ich mich nicht mehr weiter mit seinem Unfall beschäftigen würde. Ich hörte mich selbst schwören und sogleich tat es mir auch leid. Ich rückte den Satz noch halbwegs zurecht mit: „bald". Ich werde mich bald nicht mehr mit seinem Unfall beschäftigen.

Dann entleerte ich die Brieftasche Fach für Fach.

Ich betrachtete seine Karte der Raiffeisenbank. Seine blaue Saisonkarte fürs Schwimmbad. Ich las seine Adresse und vergaß sie nicht. Geidorfplatz 3. Ich kannte den Platz, ich kannte die Gegend. In einem Fach fand ich alte Konzerttickets. Eine rote Büroklammer hielt gebrauchte Kinokarten zusammen, natürlich vom Kunstkino – am Geidorfplatz. In einem Seitenfach steckte ein doppelt gefaltetes Ticket für eine Tanzvorstellung von Sasha Waltz, von dem ich noch nie gehört hatte. Auf der Rückseite des Tickets standen ein Name und eine Telefonnummer. Die Zahlen waren groß und gleichmäßig. Den Namen entzifferte ich als Kram. Daneben war ein lachendes Gesicht gezeichnet. In einer Plastikhülle fand ich den Ausweis, den man bekommt, wenn man

Blut gespendet hat. Er hatte Blutgruppe 0+, so wie fast die Hälfte der Menschheit.
Liebe fand er so gesehen gleich wichtig wie Blut. In derselben Hülle, hinter dem Ausweis versteckt, steckte ein Farbfoto. Sein Freund schaute mich an. Seine Freundin schaute mich an. Jochen Erhart stand zwischen ihnen.
Ich betrachtete die Freude von drei Menschen.
Man sieht nicht oft Menschen, die froh miteinander sind.
Ich wendete meine Augen ab. Es gibt Dinge, die ich gerne sehe, aber nicht lange betrachten kann. Ich zeigte, was ich noch weiter auf dem Foto sah. Ein Ast eines Apfelbaums, mit Äpfeln daran. Tibetanische Gebetsflaggen. Ein ansteigendes Feld, das wie eine grüne Mauer hinter ihnen stand. Das Sonnenlicht knallte so hart auf das Gras, dass es aussah, als ob es keinen Horizont gäbe. Auf der rechten Seite hing über dem Kopf des Mädchens ein Arm, und daneben sah man die Haarmähne einer tanzenden Frau.
An Jochen zu denken war genauso anstrengend wie ihn anzusehen. Seine Augen hatten noch fast nichts von der Welt gesehen, aber gleichzeitig verrieten sie schon die Farbe der Traurigkeit, auch wenn sie froh waren. Während ich auf die Äpfel, die Flaggen, den Arm der tanzenden Frau zeigte, war ich mir die ganze Zeit hindurch bewusst, dass er in meiner Nähe war, mich ansah, und allein schon der Gedanke daran machte mich schwach.
Ich war davon überzeugt, dass es schön sein musste, jemanden zu lieben, der Musik liebte oder Kinokarten aufbewahrte. War es wirklich wahr, dass man schwimmen nie verlernte, und wenn ja, konnte ich es noch, und konnten wir es zusammen? Mir wurde klar, dass noch nie jemand ein lachendes Gesicht neben meinen Namen gezeichnet hatte.

Die Hülle mit der Blutgruppe und das Foto stopfte ich zurück an ihren Platz.
Ich dachte an eine Frau, die ich im Fernsehen Abschied nehmen gesehen hatte. Sie küsste und heulte und sie küsste und heulte, Rotz und Wasser, bis langsam ihr ganzes Gesicht glänzte. „Auf Wiedersehen“, versuchte sie zu sagen, und das Publikum im Studio verstand sie, obwohl sie die Worte nicht mehr richtig aus der Kehle bekam. Sie vergingen vor Kummer, und der Mann, von dem sie sich verabschiedete, sagte schon zweimal zu ihr: „Was sagst du? Ich verstehe dich nicht. Was sagst du?“
Das war bis jetzt der traurigste Abschied, den ich je gesehen hatte.
Die Brieftasche legte ich auf meine Kleidung.
Im Badezimmer füllte ich ein Glas mit Wasser und löschte das Licht.
Danach blieb ich noch eine Zeitlang still im Dunkeln am Bettrand sitzen. Ich drückte die Handflächen aneinander, legte die Hände in den Schoß.
Ich betete nicht.
Ich bete nie.
In der Küche summte der Kühlschrank.
Aus dem Blister holte ich eine Schlaftablette und legte sie auf meine Zunge. Ich schluckte sie trocken hinunter. Eine zweite Pille brach ich mittendurch. Die eine Hälfte steckte ich in den Mund. Danach zog ich meine Schultern hoch und schluckte daraufhin auch die andere Hälfte. Das Glas Wasser trank ich leer. Ich tat so, als ob ich von der schnellen Wirkung der pflanzlichen Pillen überzeugt sei.
Küssen und Heulen und Küssen und Heulen, dachte ich und ließ mich auf die Seite fallen. Die Beine hob ich träge auf das Bett. Den Kopf platzierte ich auf dem Kissen. Die

Decke zog ich bis unters Kinn. Es dauerte lange, bis ich bequem lag. Ich glaube, ich war nicht mit meinem ganzen Körper bereit, die Nacht zu beginnen.
Meine Mutter drehte sich um. Sie sagte: „Was hast du gegessen, Junge?“ und legte ihre Hand auf meine Brust. Sie sagte, dass ich nicht schlafen brauchte. Ich sollte mit dem Ausruhen beginnen.
Ich sagte: „Ich weiß, Mutter“ und dankte ihr.
„Nichts zu danken“, sagte sie. „Versuch an etwas Schönes zu denken.“
Danach war sie wieder tot.
Ich schloss meine Augen und dachte an etwas Schönes.
Wahrscheinlich war das Foto dieses Glücks nur um mich zu ärgern in solch heftigen Farben ausgearbeitet worden. Der Freund, die Freundin und Jochen Erhart schrien zu dritt „Ja“ in die Kamera.
Ja.
So würde ich nie einschlafen.
Ich legte mich auf die andere Seite, als ob ich die Dinge dann anders betrachten könnte. Ich kniff meine Augen zusammen, stellte mich schlafend, aber ich sah es doch: Sie hatten sofort nach der Aufnahme des Fotos vor, den Kopf nach hinten zu werfen und laut zu lachen.
Er würde ihn anschauen. Sie würde ihn anschauen und es herrlich finden, dass er mit seinem Daumen den Schweiß von ihrer Oberlippe wischt. Sie würde das Gleiche bei ihm tun. Er würde seine Zähne auf ihren Daumen setzen. Sie würde matt „aua“ sagen. Danach würden sie einander küssen, und sie würde lachend dazwischensitzen und betteln: „Und ich? Und ich?“
Ich war davon überzeugt, dass die drei nicht einfach so gerne zusammen waren, so wie zusammen in einem Raum

oder zusammen bei Tisch. Die drei waren am liebsten tagelang zusammen, und wenn es möglich war, gingen sie ineinander auf, so wie man das unbedingt tun muss, wenn man zwanzig ist. Wahrscheinlich teilten sie sich ein Stockwerk in so einem Bürgerhaus am Geidorfplatz, mit Zimmern und Suiten, wo sie Feste organisierten und sich betranken und ineinander verschlungen einschliefen.
Dann dachte ich wieder an die Bedeutsamkeit der Liebe und des Blutes. Ganz von alleine befand ich mich plötzlich beim Telefon im Zubereitungsraum und ich war dabei, mich abzumessen, ein lächerlicher Anblick für jeden. Ich rief auch das Landeskrankenhaus an und führte ein bizarres Gespräch.
Ich starrte weiterhin, mit den Händen auf der Fensterbank, auf die dunkle Straße. Das Licht in dem Zimmer des Parkhotels ging an. Der Mann von gegenüber schloss nackt die Gardinen.
Die Hertz Mädchen kamen den Gehsteig entlang. Sie sagten nichts zu mir, da sie mich nicht mochten, das stellte sich nun heraus.
Der rothaarige Junge stieß die Tür vor meiner Nase zu.
Jeder neue Gedanke brach einen anderen neuen Gedanken los. Die Mehrzahl zeigte mir etwas, das mich zum Nachdenken brachte, der Rest war problematisch, um nicht zu sagen unüberwindbar.
Ich war nicht fertig mit dem Tag. Ich würde heute Nacht das Licht im Lagerraum meines Gehirns nicht ganz ausmachen können. Die Betriebsamkeit in meinem Kopf ging weiter und führte ins Nirgendwo. Es kam keine Ordnung ins Chaos. Im Gegenteil: Das Durcheinander dehnte sich nur noch weiter aus. Meine Arme waren mir dauernd im Weg, meine Beine fanden nirgends einen Platz, wo sie gerne

lagen. Immer juckte irgendwo ein Insekt, kitzelte etwas, da war ein Fuß, der sich benahm, als wäre er nicht meiner. Auf einmal hörte ich mich selbst reden. Ich flüsterte nicht, ich sagte vor dem ganzen Zimmer: „Ich sollte einmal weinen." Meine Worte waren noch nicht kalt, da fühlte ich eine Hand auf meinem Rücken. Ich wurde wie ein Hund gestreichelt. Das Bett trug mich, aber ich sank tiefer ein als vorher. Ich drückte die Hände in meinen Schoß. Mein Kopf fühlte sich an, als ob er auf einmal schwerer auf den Kissen lag, meine Augen sahen die Dunkelheit kommen. Das war die Wirkung von Hoggar Night.

Vielleicht schlief ich ein paar Minuten. Vielleicht länger. Ich wurde mit Schwielen auf meiner Seele wach. Das war mein erster Gedanke: Ich habe Schwielen auf meiner Seele. Die Schwielen sind nicht von einem Tag auf den anderen gekommen, sie sind gewachsen, und das ist schrecklich.

Im nächsten Moment war ich hellwach. Ich stützte mich auf die Ellenbogen und erinnerte mich, dass ich gerade eben, im Halbschlaf, an den Mann gedacht hatte, der zu Beginn der Woche in die Apotheke gekommen war, um zu erzählen, wie die letzten Monate seiner Frau verlaufen waren. Mein Atem stockte kurz, als ich an ihn dachte – und an die Art, wie ich vor ihm gestanden war.

Da er den Kummer um ihren Tod noch nicht verarbeitet hatte, war schon während der Erzählung die Konzentration auf seine Tränen und die Fakten gerichtet. Er trug nichts dazu bei, die Geschichte spannend zu machen. Und dann und dann und dann, sagte er zu mir, während er sich an meinem Verkaufspult festhielt. Nichts war neu. Ich war schon lange darüber informiert: Ich wusste von den ersten Medikamenten und der ersten Operation, ich wusste von der Transplantation und den Folgen davon. Aber der Mann fuhr

fort: und dann und dann und dann. Am Ende starb seine Frau, das war keine Überraschung.
Ich erinnerte mich an meine Antwort und schüttelte verschämt den Kopf, als ich daran zurückdachte.
„Ja gut“, sagte ich zu ihm. „Und dann?“
Wenn man fortwährend von Elend hört, wogegen man nichts machen kann, muss all das Elend, das man gespeichert hat, in einem gewissen Moment irgendwohin. Die Gallenblase liegt unter der Leber, aber das Elend liegt darauf. Immer dicker darauf. Es gibt nichts, das so laut jammert wie das Elend.
Mein Problem ist, dass ich viel nacherzählen kann, aber nicht alles, wenn es um mich selbst geht. Nach dem Unfall von Jochen Jonathan Erhart bin ich in meinem Bett gelandet und sehr lange bin ich nicht liegen geblieben. Mitten in der Nacht saß ich wieder aufrecht da und zog die Hose mit vorsichtiger Hand unter der Brieftasche weg. Ich passte auf, dass nichts vom Stuhl herabglitt. Meine Hose legte ich über meine Beine auf das Bett, als ob sie da zufällig hingekommen wäre.
Ich hörte meinem Herzen zu, und sagte: „Hör mal.“ Mein Herzschlag war der einer suchenden Seele.
Inzwischen packte meine Hand nacheinander meinen Pullover, mein Hemd, mein Unterhemd. Dann lag nur noch die Brieftasche auf der Sitzfläche des Stuhls.

Heroes are rare.

BALDWIN

Ich klickte meine Haustüre zu und ging auf die Straße. Es war zwei vorbei. Unter meiner Hose trug ich meine Pyjamahose. Unter meiner Jacke trug ich zwei Pullover übereinander. Die Brieftasche in meiner Innentasche war die einzige Rechtfertigung für das, was ich gerade vorhatte. Darunter lag mein Herz.
Niemand mochte mich hören.
Ich umrundete die Ecke meiner Apotheke, bog in die Leonhardstraße ein. Dort überquerte ich die Straße gleich schräg, ging wieder um die Ecke.
In der Glacisstraße war ich die erste Person, die Fußspuren im Schnee hinterließ. Das beruhigte mich. Zu oft muss ich Geschichten über die Glacisstraße hören, Geschichten, die die Leute meistens nur vom Hörensagen kennen, doch wo Rauch ist, ist Feuer. Ich blieb knapp beim Gehsteigrand. Als ein Auto vorbeifuhr, wurde ich langsamer.
Auf Höhe der Attemsgasse machte ich den Fehler, mich in Richtung des Stadtparks umzusehen. Hinter den schwarzen Spitzen der Sträucher brannte viel Licht. Mehr Licht als früher. Vor einiger Zeit hatten sich die Leute der Stadtverwaltung über die Ecke, wo die Waldlillie steht, beklagt. Da wurden schon sehr oft Fäkalien auf und hinter den Bänken gesehen – und die waren nicht von Hunden. Unter den Sträuchern rund um den Brunnen angelten die Parkwächter wöchentlich Spritzen und Kondome hervor, und an der Stelle, wo Kinder tagsüber um den Brunnen Fahrrad fuhren, wurde nachts von Männern gedealt, die Waren mitbrachten oder mitnahmen. Grazer, aber auch Slowenen, Ungarn, sogar Kroaten. Sie kamen nicht mit dem Dreirad über die

Grenze. Die Bewohner aus der Nachbarschaft bemerkten an den quietschenden Reifen, mit denen sie dann wegfuhren, dass da im Park Dinge passierten, die das Tageslicht nicht sehen durften. Ob die Stadt darüber informiert war?
Ein Halbtoter war nötig, damit die Stadtverwaltung beschließt, ein paar Lampen mehr beim Forum anzubringen. Auf den Stufen hinter dem Gebäude wurde eines Morgens ein junger Slowake gefunden, der nicht nur schwer stoned war, sondern auch gerade am Verbluten, weil man ihm sechs Mal mit einem Küchenmesser in den Rücken gestochen hatte, und pling, da gingen die neuen Lichter an.
„Und dabei reden wir nur von dieser Seite des Parks", sagten die Leute in der Apotheke zu mir.
Ich hatte eine Antwort auf Lager. „Vielleicht müssen wir davon ausgehen, dass der Park eine schlechte und eine gute Seite hat. Der schlechten Seite geht es jetzt besser."
Ich überquerte die Attemsgasse. Um an etwas anderes zu denken, schaute ich die Straße entlang: Ein paar Häuser weiter vorne war das Café Fotter. Wenn ich dort war, bekam ich von den älteren Damen, die da servierten, ständig etwas, das ich nicht bestellt hatte. Aus Kaffee machten sie Tee, und wenn ich den Tee zurückschickte, kamen sie mit Makava, was ich dann versuchte, lustig zu finden, denn Makava trinkt man, wenn man trendy ist und Student und ewig leben will.
Der Teil des Parks, der größtenteils in Dunkelheit gehüllt war und von den Leuten die andere Seite genannt wurde, befand sich schräg vor mir. Hier und da ein bläulich schimmernder Lichteffekt um eine Laterne, und durch den Lichtfleck darunter dachte ich manchmal eine Silhouette laufen zu sehen. Dann beeilte ich mich und schärfte meinen Blick, aber jedes Mal schien es eine Sinnestäuschung gewesen zu sein.

Es war schwer, meine Augen von der anderen Seite wegzuhalten. Ich bin mir der Dinge gerne gewiss.
An der Ecke der Glacisstraße und der Heinrichstraße begegnete ich einem Mann. Ich erschrak, nicht weil er die erste Person war, der ich auf diesem kurzen Kilometer entgegenkam oder weil er getrunken hatte und an mir mit torkelnden Beinen vorbeilief. Ich erschrak deshalb, weil mir jemand anderer begegnete. Schau an. Ich war tatsächlich wieder einmal zu dieser Uhrzeit auf der Straße unterwegs. Ich dachte an den Hund, den ich nach dem Unfall die Straßenbahn habe nehmen sehen. Ich dachte bei mir, dass der Hund heute Nacht eigentlich das einzige lebende Wesen war, das kein Ziel hatte. Der Mann, der mich gerade gekreuzt hatte, versuchte sich bei jedem Schritt zu erinnern, wie sein Körper denn nochmal arbeitete, aber währenddessen schien er bereits nach irgendwo unterwegs zu sein.
Ich auch. Ich war Hermann Eichler. Apotheker. Ein ernster Mann mit Schwielen auf seiner Seele. Ich hatte meine Pyjamahose an, unter meiner Hose, und ich war mitten in der Nacht auf dem Weg zu einer Adresse, von der ich hoffte, dass es einen Briefschlitz in der Tür gäbe, denn dann könnte ich ohne anzuläuten die Brieftasche beim rechtmäßigen Besitzer einfach auf die Matte fallen lassen. Und was ich danach tun würde, wusste ich auch schon.
Ich atmete tief ein und überquerte tausend Meter von meinem Haus die Heinrichstraße. Die Stadt ließ sich hier von einer anderen Seite sehen. Die Kreuzung glänzte von dem nassen Schnee oder war es schon Eis, die Straßen waren breit, die Stille machte mehr Lärm als in der Maiffredygasse, es kamen da fünf Straßen zusammen.
Auf dem Geidorfplatz selbst war das Leben ins Stocken geraten. Von den Autos, die hier geparkt standen, waren die

Fenster angefroren und die Karosserien auch, sodass es aussah, als ob sie einen Winterschlaf hielten. Es war fast unvorstellbar, dass der Platz im Sommer eine Stelle war, wo die Sonne gerne hinkam. In den Kiosken unter den Bäumen wurden Würstel und Brot und Blumen verkauft. Manchmal schien das Licht, das durch die Blätter fiel, grün. Wenn man nicht genau hinsah, hielt man den Platz für einen Park am Meer.

Jetzt war es ein dunkler Ort, den man mit gesenktem Kopf überquerte.

Ich umarmte meine eigene Jacke, passte auf, wo ich lief, weil der Asphalt hier und da durch die wuchernden Baumwurzeln aufgerissen und aufgestülpt war, und kam gegenüber vom Kunstkino heraus. Das Gitter war vor dem Eingang, die Lichter waren gedämpft.

Mein Herz sackte ein paar Zentimeter ab.

Das Haus bei Nummer drei zeigte auf sich selbst.

In der dunklen Fassade waren drei beleuchtete Fenster, wo einfärbig weiße Rollos davorhingen. Zur Türe unter diesen Fenstern musste ich hin.

In Gedanken sah ich den Freund und die Freundin nebeneinander auf einer niedrigen, braunen Bank sitzen. Sie wechselten Blicke. Der Freund vermisste jemanden an seinem linken Arm und die Freundin vermisste jemanden an ihrem rechten Arm. Die leere Stelle auf der Bank nahm so viel Platz ein, dass es ihnen nicht gelang näher aneinander heranzurücken. Ab und zu kamen ihre Hände einander entgegen, irgendwo auf halbem Wege. Dann saßen sie eine Zeitlang miteinander verbunden, um auf die Glocke zu warten. Den Schlüssel im Schloss. Den Moment, in dem Jochen sich zwischen sie setzen würde. Endlich würden sie die tickende Uhr im Zimmer nebenan nicht mehr hören.

Ich überlegte, ob ich nicht doch anläuten sollte. Sehr komplex konnte das Gespräch nicht werden. Ich bat um Verzeihung, zeigte auf das Licht, das noch hinter den drei Fenstern brannte. Ich sagte, dass ich durcheinander sei nach dem Unfall, den ich heute Abend knapp verpasst hatte, und dass ich hoffte, dass alles gut sei. Ich hielt die Brieftasche hoch. Ich sagte: „Schau. Ich bringe die Brieftasche zurück, die ich vor meiner Türe gefunden habe. Hier. Bitte. Gute Nacht."

Aber ich war hellwach.

Mein Leben lang habe ich Rat bekommen. Ich musste mich langsam bewegen, wenn die Leute hinsahen, ruhig sein, wenn andere aufgeregt waren. Schweigen, wenn jemand sprach. Der Rat meines Vaters und meines Großvaters war immer auf Gleichgewicht ausgerichtet. Das Ziel war der Nullpunkt auf der Waage. Harmonie.

Ich überquerte die Fahrbahn, schob mich seitlich zwischen zwei geparkten Autos durch und holte die Brieftasche aus meiner Innentasche. Ich riss mein Herz nicht aus meiner Brust. Ich rieb nur ein Pflaster ab, ein altes.

Ich drückte die Klappe des Briefschlitzes nach oben, wünschte dem Haus viel Glück und stieß die Brieftasche nach innen. Sie schlug wie eine Hand auf nasse Haut gegen den Boden. Die fallende Bewegung machte ich mit dem Kopf nach. Ich sagte: „So."

Erledigt.

Danach lief ich schnell die Straße hinunter, hin zum Dunkel zwischen zwei Marktbuden.

Über der Hausnummer ging eine Lampe an. In der Türöffnung erschien eine ältere Frau. Sie hielt sich am Türstock fest und bog sich nach vorne, um auf die Straße zu schauen, links, rechts.

Ich konnte nicht sehen, ob sie das Alter einer Mutter oder einer Großmutter hatte.
Sie hielt die Brieftasche in ihrer Hand. In ihrer anderen Hand hatte sie ein Taschentuch. Die Brieftasche hielt sie vor ihr Gesicht. Das Taschentuch auch.
„Komm einmal?“, rief sie ins Haus hinein. Mit ihrem Fuß stieß sie die Türe zu.
Sie klickte nicht zu, sie fiel.

The Soul has her own currency.
FORSTER

Ich wartete nicht auf das grüne Licht. Ich überquerte die Kreuzung der Bergmanngasse mit der Parkstraße und der Glacisstraße schräg. Ich beeilte mich, dann bekam ich nicht die Chance, es mir anders zu überlegen.

Auf der anderen Seite drehte ich mich noch kurz um. Die drei Fenster gaben noch immer Licht. Ich fand, dass sie für den gesamten Geidorfplatz brannten, dass ich das nicht früher bemerkt hatte. Hinter den Rollos würde das Licht wahrscheinlich noch die ganze Nacht an bleiben. Da wurde auf jemanden gewartet.

Ein Mann kam mir entgegen. Er überquerte die Straße, anständig über den Zebrastreifen, und sah zu mir. Er schaute mich an – soweit es möglich ist, jemanden schon aus einer großen Entfernung anzuschauen. Seine Augen waren hell, das Weiß der Augen sauber, die Augenbrauen dunkel und dicht.

Er ließ mich nicht los mit seinem Blick. Er lief haarscharf an mir vorbei, und fing mich mit seinem Geruch. Schamlos blickte er über seine Schulter. Er drehte sich im Gehen um und machte ein paar Schritte rückwärts, wobei er seine Hände in meine Richtung ausstreckte und breit grinste. Natürlich waren seine Zähne sehr weiß. Er hatte noch nie etwas von Erröten gehört. Er freute sich, dass auch ich ihn ansah.

Nicht die ganze Welt gehörte ihm. In der Maria-Theresien-Allee rüttelte er an der Tür des Jugendstilpavillions. Die Toiletten waren zu dieser Zeit geschlossen. Er blickte in meine Richtung und dachte nach. Er nahm eine Haltung ein, die ich las als: Worauf wartest du?

Danach wich er ohne mit der Wimper zu zucken vom Fußweg ab. Er lief über die verschneite Grasfläche, in die Sträucher und die Dunkelheit hinein.
Ich weiß nicht, wie lange ich nicht geatmet habe.
Ich habe einmal an einem Sonntag einen Spaziergang gemacht, den ich mit einer Tasse Kaffee auf der Terrasse des Aïola abschloss, dem Café, das im Schatten des Uhrturms liegt. Ich war dick eingepackt und müdegelaufen, ich hatte Stiefel an, weil es ein sonniger, aber kalter Tag war und es die ganze vorhergehende Woche geregnet hatte, sodass jeder überall in der Stadt Schlammspuren hinterließ. Ich hatte einen angenehmen Spaziergang, ich hatte an wenig gedacht.
Als ich mich auf die Terrasse in die Sonne setzte und einen Kaffee bestellte, fiel mir an einem Tisch ein Mann auf, der auf seiner Zunge kaute. Sein Kinn bewegte sich, seine Lippen kneteten, und ich blieb mit meinem Blick an den Bewegungen seines Kiefers hängen, da ich davon überzeugt war, dass er das Kauen spielte. Gleich würde er seiner Freundin die Innenseite seines Munds zeigen. Haha, leer.
Aber es war kein Witz. Er lehnte auf einem Ellenbogen, saß schief auf seinem Stuhl, hielt seine Beine breit, und fand, dass Kauen zu einem Mann gehörte, so wie die große Handtasche zu seiner blondierten Freundin.
Ich kann die Physiognomie einer Person sehr spannend finden. Ich beobachte die Bewegungen eines Kiefers und stelle mir den Kieferknochen und den Knorpel und das Kiefergelenk und das Gewebe und die Muskeln vor.
Ich dachte: Fleischfresser.
Ich erinnere mich, dass mein Kaffee gebracht worden war. Ich weiß, dass ich bezahlt hatte. Ich weiß, dass mir nicht klar war, wie lange ich ihn schon ansah. Ich weiß, dass ich

ihn zu seiner Freundin sagen hörte, dass er gleich jemandem die Visage polieren wollte, und ich erinnere mich an den Moment, als es zu mir durchdrang, dass er mein Gesicht meinte.
Er nannte mich Schwuchtel. Die ganze Terrasse hörte, was er sagte, aber es gab niemanden, der reagierte. Die ganze trendy Terrasse trank Kaffee und saß in der Sonne, während ich starb. Ich überlegte nach drinnen zu gehen und den Ober zu warnen. Ich würde gleich jemanden herausfordern. Ich würde danach fragen, ins Gesicht geschlagen zu werden. Schlimm genug, der Sohn meines Vaters zu sein. Ich habe gelernt jederzeit für Ausgleich zu sorgen, den Nullpunkt zu bewachen, wenn es sein muss, sogar zum Rückzug zu blasen.
Ich verbrannte mir die Kehle am Kaffee, zog meine Jacke und meine Handschuhe wieder an und ging in einer geraden Linie von der Terrasse ab, Richtung Kriegssteig, den ich eigentlich nicht vorhatte zu nehmen, und minutenlang fürchtete ich mich, dass der Mann, der auf seiner Zunge kaute, mir noch nachkommen würde. Unterwegs sah ich Unfälle passieren. Ich fiel tief. Ich fiel und fiel.
Minutenlang zeigte das dunkle Gestrüpp neben dem Jugendstilpavillon eine leere Stelle. Als ich meine Augen schloss, sah ich den Mann, der sich geradeeben noch nach mir umgesehen hatte, wieder grinsen. Ich sah seine guten Zähne, seine hellen Augen, seine dunklen, vollen Augenbrauen.
Eine Zeitlang zählte ich die Minuten. Meine Beine zitterten.
In einem Moment, den ich nicht vorhersah und als ich es auch nicht mehr erwartete, stellte er sich wieder ins Licht, mitten in die Sträucher. Er sah in meine Richtung. Er fragte nicht, wo ich bliebe, er rief es mit seinem ganzen Körper.

Hinter dem Wäldchen befindet sich das Kunstwerk von Ertl. Das sind ein paar Betonblöcke plus der Rumpf einer Frau, ich muss es sagen, wie es ist. Es gibt Kunst, die ich nie begreifen werde. Aber ich dachte: Vielleicht ist das schön im Schnee.

Ich kann viel erzählen, und ich würde nie lügen, aber wenn es um mich geht, finde ich es nicht leicht, alles anzusprechen.

Ich setzte den ersten Schritt noch bevor ich bedacht hatte, dass Schauen nichts Böses war.

Ich ging über die Wiese, neben den Fußstapfen, die da schon standen, und war überrascht, wie hell es um mich herum blieb. Die letzten Zweige, die mich noch zurückhielten, drückte ich weg und kam an einer Stelle heraus, wo viele Sorten Schwarz und Grau und Weiß waren.

Der Mann kam langsam auf mich zu. Seine Schultern hochgezogen, seine Hände saßen in seinen Taschen. Mit ein paar Metern Abstand von mir blieb er stehen. Er sagte, dass es vielleicht sonderbar sei, was er sagen werde, aber dass es eine Tatsache sei, dass wir nicht in die Welt gesetzt wurden, um allein zu sein. Menschen sollten Kontakt zueinander suchen. Menschlicher Kontakt schien ihm wichtig.

Wenn man ein Wort zweimal verwendet, will man etwas betonen, dachte ich. Ich gab ihm recht. Ich nickte.

Ich versuchte alles, um seinem Blick auszuweichen. Ich fegte den Schnee vor meinen Füßen weg, dachte oft, etwas in der Ferne zu sehen, grub eine Mulde, um darin zu verschwinden.

Er fragte, wie ich hieße.

Ich sagte, dass es nicht wichtig sei, wie ich hieße.

„Nein“, sagte er. „Nein. Aber ich glaube, du hast einen schönen Namen.“

Sehr witzig. Touché.
Ich sagte: „Wie heißt du?"
Er machte seinen Rücken gerade und grinste. Er lief an mir vorbei, so wie er das vorhin an der Kreuzung getan hatte, und berührte wie zufällig den Rücken meiner Hand. Er verschleierte nicht, dass er es schön fände, wenn ich ein paar Schritte mit ihm ginge. In die Dunkelheit hinein, aber keine Sorge: Bei ihm war ich sicher.
Ich denke gerne, dass ich Erfahrung mit Menschen habe. Dass ich ihre Sprache kenne. An ihren Augen sehe, ob ihr Herz eine Schlangengrube ist.
Wir kamen an der Nepomukkapelle vorbei.
Jeder erinnert sich an eine Stelle, wo mit vier nichts Besonderes passiert ist, und doch sieht man den hohlen Baum noch vor sich, den Sarg auf der Kutsche, den Tunnel unter den Geleisen, wo man laut schreien musste, während der Zug über einen hinwegfuhr.
Ich spielte bei der Nepomukkapelle. Die Bank, wo meine Mutter auf mich gewartet hatte, steht da nicht mehr. Die Bank hatte Platz gemacht für ein Monument zu Ehren von Jahn. Monument ist das schöne Wort, Pfahl ist die Wahrheit.
Der Mann lehnte sich mit seinen Schultern dagegen. Er schaute auf die Sportplätze hinter den Zäunen. Darüber brannten starke Lampen. Dort arbeiteten die Leute tagsüber an Ihrem Seelenglück.
Er wusste, dass das Licht auf sein Gesicht fiel. Er schloss seine Augen und gab mir die Chance ihn anzusehen. Dann gab ich ihm die Chance mich dabei zu ertappen. Schon nach ein paar Sekunden schaute er aus seinen Augenwinkeln, wo ich blieb, und er grinste, versetzte sein Bein, kippte sein Becken, drehte seinen Oberkörper. Mit seinen Händen strich er über seine Brust, über seinen Bauch.

Ich blieb stehen, wo ich meine Füße abgestellt hatte. Wenn ich meinen Arm einmal hochheben würde, dachte ich.
Er sagte freundlich: „Komm nur."
Ich sagte: „Ja", und ich zeigte mit meinem Kinn zu dem Pfahl, gegen den er sich lehnte. Ich fragte, ob er Jahn kenne, den Turnvater.
„Jetzt komm aber", sagte er.
„Ja", sagte ich, und ob er wisse, welch lächerliche Dinge der Mann gesagt habe. „Wenn du deiner Tochter Französisch lehrst, kannst du ihr genauso gut lehren, wie sie Hure wird. Eltern, die Ihrem Kind einen fremden Namen geben, machen ihr Kind zu einem Bastard."
„Das klingt intelligent. Komm."
Ich sagte: „Ja. Und trotzdem hat er ein Monument bekommen."
„Und jetzt haben wir etwas, um uns anzulehnen", sagte er, und er ließ sich nach hinten fallen, streckte seine Hände nach oben, sodass ich dazwischenpasste.
Ich sagte: „Wir?"
„Ja, wir."
Dann stillte er seinen Hunger und den meinen. Seine Hände fanden die Knöpfe, den Reißverschluss. Ich fiel langsam zu ihm. Das Fallen war sanft, die Landung auch. Ich atmete durch seine Haut. Er roch süß und sauber. Er blies durch meine Kleidung durch. Ich hob meine Arme, ich ließ ihn gewähren. Ich hatte keine Ahnung, was ich sonst tun sollte. Ich wollte sehr gerne seinen Kopf mit den Händen festhalten. Ich legte sie letztendlich auf seine Schultern. Er sah lächelnd nach oben. Wie jung du bist, dachte ich. Wie hungrig du bist. Wie viel du willst. Dass du dich das traust.
Ich musste nicht sterben. Beinahe fiel ich nach hinten um, mein Kopf war schon unterwegs, aber ich musste nicht

sterben. Seine Hand kroch über meinen Bauch nach oben, packte mich in Brusthöhe an meinem Hemd und zog mich nach unten. Er wollte mir seine Augen zeigen. Seine Pupillen schwammen im Blau. Seine Lippen glänzten. Sein Kinn glitzerte. Er flüsterte etwas, das ich nicht verstand. Ich dachte: Das habe ich nicht gehört.
Er beschimpfte mich. Danach drückte er mich von sich weg und spuckte neben seine Füße. Er wischte seinen Mund mit dem Ärmel ab, nahm eine Handvoll Schnee und wusch seine Hände, seine Zunge, sein Gesicht. Er stand auf und wankte auf seinen Beinen, als ob ich ihn betrunken gemacht hätte. Er gab mir noch ein paar Namen, an die ich mich nicht mehr erinnern will. Er röchelte einmal, sah sich noch einmal nach mir um und ließ mich dann bei Jahn zurück. Ich kann mich nicht von dem Gedanken lösen, dass er sich mit diesem letzten Blick entschuldigte.
Mit angehaltenem Atem lief ich über die Glacisstraße nach Hause. Der Gehsteig war glatt und die Torbögen waren dunkel.
Ich war in meinem Bett angekommen. Dort streckte ich meine Gliedmaßen aus.
Ich blickte zum Plafond und fragte mich, ob ich den Tag, der kam, noch zu einem guten Ende bringen konnte. Gleich ging der Wecker. Ich forderte mich selbst heraus. Wenn ich es schaffe, bin ich mein eigener Held.
Ganz ohne Hilfe fiel ich in den Schlaf. Es war der Schlaf eines Märtyrers. Jemand hatte meinen Körper in der Höhe meiner Mitte gepackt, und ich hing vornüber wie eine Puppe. Ich schlief, ich sah das Tanzen der schönsten Menschen, ich wurde von der ersten Straßenbahn Richtung Mariatrost wach, schlief aber mühelos wieder ein, denn ich wollte verschwinden, und Schlafen ist eine Form von Verschwinden.

Waking up begins with saying am and now.
ISHERWOOD

Carla läutete mich wach. „Freund“, sagte sie. „Es ist noch früh, aber nicht zu spät, um deine Kleider anzuziehen und mit mir zusammen zum Uhrturm hinaufzugehen. Wir schaffen es leicht bis sieben Uhr, wenn du jetzt deine Kleider anziehst.“
„Nein“, sagte ich einfach. „Ich habe eine kurze Nacht gehabt, Carla.“
Ich legte auf und blieb nach Luft schnappend neben dem Telefon stehen, weil die Hälfte meines Atems auf dem halben Weg über die steile Treppe zurückgeblieben war. Ich hielt meine Hand bereit auf dem Hörer, denn so wie ich Carla kannte, würde sie mich gleich erneut anrufen.
Zu meiner Verwunderung tat sie das dieses Mal nicht.
Oben blickte ich lange auf meinen Wecker und schwankte zwischen noch einem halben Stündchen liegen und mit dem Tag beginnen. Ich wählte Ersteres, aber schlief nicht ein. In Gedanken legte ich Kleider zurecht, die nicht nach vergangener Nacht rochen. Ich wusch mich, ich rasierte mich. Meinen Hals besprenkelte ich mit Eau de Cologne. Meine Hände trocknete ich an meiner Brust ab. Ich musterte mich nicht im Spiegel. Ich fing kein Gespräch an.
Um sieben tat ich das Meiste von dem, was ich gedacht hatte, und ich zog mich an und knöpfte vor dem Fenster stehend das Hemd zu.
Es gelang mir, nur auf die dunkle Straße hinunterzuschauen, wie es da war. Bei Hürlimann schliefen die Kinder noch. Da würde sich erst alles in Bewegung setzen, wenn die Hertz Mädchen hinkamen.
In der Veranda des Parkhotels funkelten alle Lichter. Das Kupfer im Speisesaal blinkte, das Holz glänzte. Die strahlend

weißen Tischtücher gaben selbst auch Licht. Es gab nur einen Mann, der frühstückte. Die zwei Mädchen, die bedienten, standen tatenlos wartend da, das Tablett unter ihrem Arm, den Schlaf noch in ihren Augen. Ich verstand nicht, warum sie immer solch junge Mädchen nahmen, und warum diese Mädchen Uniformen trugen, die aus alten Kleidern von Mädchen zusammengestellt wurden, die früher da gearbeitet hatten. Karos, Streifen, Rüschen. Es waren auch immer Mädchen, die ihre Haare färbten, mit Blond oder Braun oder Rot, sie verwendeten immer mehr als eine Farbe, das fanden sie schön.
Für einen Moment wurde ich dazu verführt über vergangene Nacht nachzudenken.
Ich konnte meinen Blick weiter nach oben zwingen, die Fassade entlang hinauf zu dem Fenster, hinter dem ich die Frau und den Mann gesehen hatte. Ich erwartete nicht, dass die Vorhänge schon offen sein würden.
Sie schliefen noch. Natürlich schliefen sie noch. Ich weiß nicht, warum ich davon überzeugt war, dass sie mit ihren Rücken zueinander lagen, ihre Kissen weit voneinander weg.
Ich sah Bewegung auf der Straße und stieß meinen Kopf gegen das Fenster. An der Stelle, wo Jochen gelegen hatte, dachte ich, jemanden winken zu sehen. Ich musste mit den Fingern die Schläfen berühren, um wieder klar denken zu können. Es war schwer, das Bild des Jungen, den ich in meinen Gedanken in Weiß gekleidet hatte, aus dem Kopf zu verbannen.
Ich hörte meinen Namen und stieß noch einmal gegen das Fenster.
Carla winkte mir. Sie stand eingepackt gegen die Kälte auf der Verkehrsinsel bei der Haltestelle und zeigte auf mein Haustor. Sie drehte einen imaginären Schlüssel um.

Ich gab ein Zeichen, dass sie ihren Schlüssel verwenden konnte.
In Zeichensprache fragte sie, ob mein Schlüssel auf der anderen Seite im Schloss steckte, dann könne sie nicht hinein.
Ich zeigte meinen Schlüsselbund, und mit der anderen Hand machte ich eine schneidende Bewegung entlang meines Halses.
„Mann", sagte sie, als sie oben an der Treppe angekommen war. „Wenn du mir nichts gesagt hättest, dann hätte ich unten schon gesehen, dass du kaum geschlafen hast. Aber ich irre mich." Sie blieb in der Tür stehen. „Du hast überhaupt nicht geschlafen, glaube ich. Du hast die Nacht durchgemacht." Sie nahm die Haut in der Höhe ihrer Backenknochen und zog daran. „An deinen Augenringen kann man ja Felgaufschwünge üben."
„Carla", sagte ich.
Sie bekam keinen Kaffee.
Ich zog die Hose an, die ich mir vorgenommen hatte anzuziehen, nahm einen sauberen Pullover und verschwand im Türkis. Ich hoffte, dass sie in der Küche selbst für ihren Kaffee sorgen würde, bei geschlossener Tür. Vielleicht fand sie irgendwo ein Buch, das sie mir geliehen hatte, was dann für sie der Anlass war, über den Schriftsteller zu reden, meistens ausführlich, denn ein Leben dauert lang. Sie würde sich auch wieder über das Ausleihen und Nie-Zurückbekommen von Büchern aufregen – eine Geschichte, die ich immer langweilig fand, da ich mich nie angesprochen fühlte, ich gab geliehene Bücher immer zurück.
„Carla, please", sagte ich, weil sie wissen wollte, was mit mir los war. Ich sagte, dass sie mich an die sich drehende Uhr über dem gestreiften Gebäude der Sparkasse erinnerte. Die Uhr drehte sich und drehte sich, aber sie zeigte nie die richtige Zeit an, und das ärgerte mich.

„Es ist ungefähr zehn nach sieben", sagte sie.
„Das habe ich nicht gefragt", sagte ich.
„Trotzdem sage ich dir, wie spät es ist", antwortete sie.
Ich machte den Mund auf, aber beherrschte mich.
Sie machte Kaffee, sie war vorsichtig, hatte die Botschaft verstanden.
Ich kam zur Ruhe. Ich lehnte mich sogar an den Rand des Waschtisches und betrachtete mich im Spiegel, ohne dabei ein Gespräch über das Wie und Warum des Herzens und der Seele und des Verlangens zu führen. Ich sah mich an und erkannte den unbekannten Mann wieder, wie er müde zusammensackte und froh zu mir aufsah und sich mir andiente.
Gerade als ich mir sein Schimpfen erneut anhörte, stellte sich Carla in die Badezimmertüre. Sie lehnte sich gegen den Türstock, den Unterarm unter der Brust und darauf den Ellenbogen, in der Hand eine Zigarette. Sie wusste, wie sehr es mich störte, wenn sie bei mir im Haus rauchte. Ihr Tabak stank bis in die Apotheke. Ungeachtet dessen sagte sie: „Jetzt erzähl schon."
Ich sagte, dass sie etwas lesen sollte, einen Zeitungsartikel, ein Buch. Konnte sie sich nicht ein Mal still beschäftigen? Ich war um diese Uhrzeit nicht bereit, ihr von den zuletzt erlebten Stunden zu erzählen. Sie erzählte nie etwas, sie hatte alle Ruhe, was hatte sie den vergangenen Tag eigentlich so erlebt?
Ich ging in das Zimmer, öffnete ostentativ ein Fenster und wedelte mit den Händen durch die Rauchfäden, die sie überall hinter sich herzog und die blau hängen blieben. Ich sagte, dass sie über die Fensterbank hinausrauchen solle, und dass sie aufpassen solle, denn dabei sind schon viele aus dem Fenster gefallen, mit einer Zigarette in der Hand.

Carla drehte sich verwundert zu mir um. Sie sagte: „Hermann“ und schüttelte den Kopf, als ob sie gerade aus einem Traum erwachen würde. „Was hast du gegessen?“
Ich sah sie an, wiederholte in meinem Kopf, was sie gerade eben gesagt hatte und erkannte die Worte wieder. Sie hätte auch schweigend ein Zündholz anzünden können, neben einer Zündschnur.
„Carla“, sagte ich und holte tief Atem, denn ich wollte nicht explodieren. „Lass mich um Himmels willen den Tag so beginnen, wie ich es vorhatte. Trink Kaffee. Mach es dir gemütlich.“
Sie sah mich unverwandt an. Ihr Mund blieb halboffen, weil ein Wort unterwegs war. Sie nickte. Sie drückte die Zigarette auf dem Fenstersims aus und blieb mit dem Stummel in der Hand stehen.
„Gut“, sagte sie.
„Gut“, sagte ich.
Wahrscheinlich schreckte sie sich, weil ich die Treppen hinunterlief und das Haustor fester zuschlug, als ich eigentlich wollte. Ich bin mir fast sicher, dass sie sich aus dem Fenster hängte und mir nachsah und auf ihre Zunge biss, bis ich um die Ecke verschwunden war.
In der Leonhardstraße war eine Türe, die nur von den Mietern benutzt wurde. Ich bekam den Schlüssel fast nicht ins Schloss. Meine Hände zitterten.
In einem Schrank unter der Treppe befand sich das Material zum Schneeräumen. Ich zog Stiefel an, blickte durch die offene Türe nach draußen, schätzte, ob ich die Schneeschaufel brauchen würde, oder genügte mir der harte Besen? Ich nahm sie beide mit, die Schneeschaufel auf meiner Schulter, den Besen in meiner Hand, als ob ich in den Kampf zog.

Auf der Türschwelle stieß ich auf die Hertz Mädchen. Wir erschraken alle drei.
Ich sagte: „Mädchen", als ob sie etwas Schreckliches getan hätten, und sie sagten: „Herr Eichler."
Ein paar Sekunden wussten wir nicht weiter. Die Mädchen wollten links an mir vorbei, ich wollte die Schaufel gegen die Mauer lehnen, wieder stießen wir fast gegeneinander.
„Nach euch", sagte ich.
„Danke", sagten die Mädchen, und sie grinsten kurz, zogen sich in ihren Kragen zurück und setzten ihren Weg fort.
Ich sah ihnen hinterher, leckte an meinem Daumen und war stolz auf mich. Ich hatte mit den Hertz Mädchen gesprochen.
Ich erhob sogar meine Stimme: „Ihr seid schon so früh unterwegs?"
„Wir fürchten uns vor zusätzlicher Arbeit", sagten sie.
Ich runzelte meine Augenbrauen und fragte mich, wie lange es nicht her war, dass bei Hürlimann noch Plätze frei waren für neue Kinder. Dann erinnerte ich mich wieder an den Stromausfall.
Ich sagte: „Ich würde mir keine Sorgen machen." Ich verstand auch nicht sofort, was die Störung an Mehrarbeit bedeuten konnte.
Die Mädchen blieben an der Ecke stehen, vor der Türe der Apotheke.
Sie drehten sich um und antworteten beide fast im Chor: „Wir müssen doch eine Zeitlang ohne Hilfe auskommen."
Ich hörte mich ächzen. „Hilfe?", sagte ich.
Die Mädchen sahen in Richtung Zebrastreifen. Sie zwinkerten mit den Augen, um ihre Ungeduld im Zaum zu halten, und nannten einen Namen.
Jochen.

„Der Junge von gestern. Vom Unfall. Er arbeitete erst einen Tag bei uns. Nur ein paar Stunden eigentlich. Doch ein paar Stunden sind schon ein Haufen Arbeit."
„Ein Haufen Arbeit", sagte ich zu unbedacht, wodurch die Mädchen wussten, dass ich wohl gehört hatte, was sie sagten, aber nicht wirklich zugehört hatte.
Sie drehten sich zugleich um und überquerten die Straße. Es sah so aus, als ob sie mir ein klein wenig böse waren, die kalte Schulter zeigten, aber auf der anderen Seite blieben sie stehen und zeigten auf die Straßenbahnschienen.
„Das ist hier auch eine gefährliche Stelle, wenn man diese Ecke nicht kennt. Man erwartet nicht, dass eine Straßenbahn so schnell von hinten auftauchen kann. Der arme Junge ist noch ausgewichen, wir sahen es vom Keller aus passieren, die Straßenbahn hat ihn nicht einmal berührt. Er fing auf einmal ungeschickt zu taumeln an und dann erledigte die Schwerkraft den Rest. Manchmal kann man sich einfach nicht mehr geradehalten." Als ob sie es einstudiert hätten, streckten die Mädchen ihre Arme hoch. Aus der Ferne schienen sie vorzuspielen, was man tun muss, um Gleichgewicht zu bewahren, aber es war ein schlampiges Wedeln, was sie machten.
Sie gingen die Veranda des Parkhotels entlang, grüßten die Mädchen und die Gäste, die da saßen, und zogen ihren Kopf zwischen ihre Schultern. Eng an den Häusern liefen sie weiter und verschwanden abrupt aus meinem Gesichtsfeld.
Ich sah Jochen bei Hürlimann.
Ich sah Jochen und die Straßenbahn.
Ich sah sein Fahrrad und dann ihn. Er lag auf dem Rücken mit den Armen neben dem Kopf, als ob er sich während des Fallens ergeben hätte, und seine Beine lagen wie in einem Zeichentrickfilm. In seinem Hals war ein Knick. Sein Gesicht

sah zur Seite von Hürlimann, aber er hatte seine Augen zu.
Schnell stellte ich die Schaufel und den Besen gegen die Mauer und lief in Richtung Maiffredygasse. Hinter meinem Rücken fiel der Besen um, die Schaufel dadurch auch.
Ich hatte Glück.
Das Tor von Nummer 14 stand noch weit offen. Unser Postbote schien mit einem leeren Türstock zu sprechen. Seine Stimme hallte, die Stimmen der Hertz Mädchen wurden durch den Widerhall verstärkt. In ein paar Sätzen berichteten sie von dem Unfall, und sie erzählten selbst, was ich noch wissen wollte. Dass sie nicht wussten, wie es Jochen Erhart ging, aber dass sie heute Mittag zu ihm gehen würden.
„Und der Strom?“, sagte der Postbote.
„Der Strom?“, fragten die Hertz Mädchen.
„Genau“, sagte der Postbote, der nicht begriffen hatte, dass sie nicht begriffen hatten, wovon er sprach. „Alles ist aufgeklärt.“
Ich kehrte zur Schaufel und zum Besen zurück. Ich schaufelte den Schnee weg und kehrte den Gehsteig. Es war viel Arbeit, denn ein Eckhaus hat viel Fassade. Die Kunden sollten sich auf jeden Fall ihre Beine nicht auf meinem Gehsteig brechen.
Nach dieser Arbeit war ich für Carla bereit.
Ich lief nach oben und setzte mich zu ihr in die Küche an den Tisch.
Sie hatte das Buch gefunden, das ich auf ihren Rat hin gerade las, und war dabei, einzelne Stellen herauszupflücken.
„Und?“, sagte sie.
„Gut“, sagte ich.
„Ich habe Ackerley für dich mitgebracht.“

„Schön“, sagte ich und nickte ihr zu. Das Leben in Büchern war schön, meinte ich.
Sie mochte mein Lächeln nicht. Sie war kein Kunde. Sie schaute ernst und sagte: „Please.“
Ein bisschen Ernst von ihr war genug, um meinen Kopf nach vorne fallen zu lassen. Sie kannte mich lange genug und wusste sofort, wenn ich ein kleiner Junge war.
Ich neigte mich zu ihr. Mein Kopf war aus Blei. Fast schon hing ich mit der Nase über ihrer Kaffeetasse. Erst als sie das Buch schloss und zur Seite schob, ihre Hand in meinen Nacken legte und mich näher zu sich zog, sodass ihre Stirn die meine berührte, bekam ich endlich doch ein paar Worte heraus.
Ich sagte, dass ich heute Nacht wieder einmal näher am Beginn einer Beziehung gewesen sei.
„Eine ganz neue Beziehung, Carla“, sagte ich, und ich schob meine Hand zwischen unsere Kaffeetassen durch und zeigte zwischen meinem Daumen und Zeigefinger wie dicht ich an einer gänzlich neuen Beziehung gewesen war.
„Es fehlte nicht einmal so viel“, sagte ich.
„Das nächste Mal wird fast nichts fehlen“, sagte sie, und sie zeigte mir den Millimeter zwischen ihrem Daumen und Zeigefinger.
„Ja“, sagte ich. „Und das nächste Mal werden wir gefunden.“
„Du“, sagte Carla.
„Ja, ich“, sagte ich.

Vielen Dank an Veronika Erwa-Winter vom Literaturhaus Graz. Ihre erste Einladung war der Beginn. Danke an Dieter Scheitz vom Parkhotel Romantik. Er hat die Bedeutung eines Zimmers mit Aussicht auf die Maiffredygasse immer verstanden. Danke an Jutta Bauer und Peter Stamm. Es war gemütlich in dem Restaurant, das später der Welscher wurde. Vielen Dank an Frank Vercruyssen und STAN. Durch ihr Zutun machte ich weiter. Vielen Dank schließlich an den Niederländischen Literaturfonds für den nötigen Atemraum.

BART MOEYAERT, *1964 in Brügge. Er studierte Geschichte, Niederländisch und Deutsch in Brüssel. Moeyaert war Lyriker der Stadt Antwerpen, seit 2000 ist er Hauptdozent in Creative Writing am Königlichen Konservatorium in Antwerpen. Bart Moeyaert zählt zu den großen europäischen Kinder- und Jugendbuchautoren, seine Bücher sind vielfach preisgekrönt und in 20 Sprachen übersetzt, auf Deutsch sind sie im Carl Hanser Verlag und im Peter Hammer Verlag erschienen. Für den Roman *Bloße Hände* (dtv) erhielt er den Deutschen Jugendliteraturpreis. Die vorliegende Novelle *Graz* ist sein Prosadebüt für Erwachsene.

www.bartmoeyaert.com